金《きん》は暴落する！

2011年の衝撃

ロスチャイルド黄金支配のシナリオを読み解く

鬼塚英昭
Hideaki Onizuka

SEIKO SHOBO

金は暴落する！　２０１１年の衝撃

■――ゴールドの秘密を知るべき時［はじめに］

私は前著『金の値段の裏のウラ』（２００７年10月刊）を世に出して、金《きん》の値段が需要と供給の関係で決まるのではなく、金を実質的に支配しているロスチャイルドと金融エリート集団の策謀により決定することを明らかにした。

私が前著を出版した２００７年当時、金の価格は１トロイオンス７００ドルほどであった。２０１０年８月の現在、金は１２００ドル前後を上下している。この３年の間に５００ドルも高騰したのである。

私はこの高騰が「バブル」であるとの判断を下した。どうして「バブル」が発生したのかについて本文の中で詳述していく。この「バブル」はロスチャイルドと金融エリート集団によって仕組まれたことを実証しよう。では、この「バブル」はいつ、どのように崩壊するのであろうか。私が予測するシナリオは次の通りである。

２０１０年から２０１１年にかけて金価格は上昇を続けて、１トロイオンス１２００ドルから１３００ドル（あるいは１４００ドル）を超える。だが、２０１１年のある時を境に金価格は下降に転じる。そして２０１１年の後半か、遅くとも２０１２年に、金価格は一気に暴落していく。この暴落の過程で金バブルの実態が誰の目にも明らかになっていく。小さな世界だと思われていた金の取引の世界が、実は30兆ドル（世界のGDP合計は約60兆ドル）を超える巨大なものだったのだと分かってくる。歴史上類のない、巨大バブルが崩壊するのである。

金の暴落はつくられたバブルである。だから崩壊するのだ。

この本を読まれる人々に私は問うことにする。

「それでも、あなたは金を買うのですか」

「それとも、あなたは金を売るのですか」

ゴールドの秘密を知るべき時が今、まさに来たのである。

2010年8月3日　　鬼塚英昭

目次

[第3章] 究極のバブルはかくて膨張していく

[第4章] 金《きん》バブルが演出され続けている

[第5章] 香港上海銀行《HSBC》が世界の金《きん》を支配する

［装幀］――フロッグキングスタジオ
［カバー写真］――フォトサーチ
［図版作成］――ホープカンパニー

引用文中の〔　〕内は引用者による補足を表します。尚、敬称を略したことをお断わりします。
金の資料を集めるにあたり、コンピューター・プログラマーの宮本康正氏の協力を得たことを記しておきます。

［第1章］

「時間差経済学」が「金《きん》のバブル」を創造した

■――私はどうして「金《きん》のバブル」に気づいたのか

「はじめに」に記したように、私は前著を補完する意味でも金《きん》の本を書こうとし、本格的に資料を集めてきた。そして、原稿用紙を約200枚ほど書き上げたときに、「はっ」と気づいたのである。「金のバブルが進行中ではないのか」と。

金にまつわる記事を求めて、新聞（日本の新聞を問わず、中国とアメリカ、イギリスの新聞も）を、私は読み続けてきた。雑誌も数誌、金に関する本、政治・経済に関する本も読み続けてきた。そして、あるとき、私は「金のバブルが進行中」であると気づいたのである。従ってこの本は、時を追って書いてはいない。金のバブルなるものがそのように私を駆り立てていると思えるからである。

たぶん、私が「金のバブルが進行中ではないのか」と気づいたのは一冊の本を読んだからではなかったか。その本は鶴岡真弓の『黄金と生命――時間と錬金の人類史』（2007年、講談社）である。彼女は、「黄金とは何なのか」を私に教えてくれたのである。

ラインの川底に潜む黄金が放つ異様な光、太陽、アーサー王の剣、ベルサイユ宮殿の鏡の間、金貨、蒔絵……。これらの圧倒的な光と美しさにはっとするとき、私たちの心に走る「驚き」という閃光が、「輝き」の正体なのだ。

ゲーテを引くまでもない。「人間の達しえる最高のものは、驚きである」。これが錬金術の奥義だったのだ。「驚く心」が生命の最高の瞬間である以上、それは、ある瞬間に思いがけずやってきて、私たちに「触れる」。そして、私たちが「触れる」ものでもある。（中略）シエラ・マドレの金山《ヤマ》に殺到する男たちが、砂金をわれ先に掘り出すとき、「本物の」黄金は、彼らの熱い心の炉のなかで真摯に躍っているのだ。

「生命時間」を乗り越えようと生き抜くヒトの「けなげさ」こそが、天《ゼウス》を金色《ゴールデン》に輝かせる。ヒトの心には、無限の黄金が眠っている。

私たち人間が、「夢見る黄金の胎児」なのではないだろうか。

鶴岡真弓は「……1971年、アメリカ合衆国が金とドルの交換を停止した。『世界最強の超大国の金本位制が、事実上、終焉』を迎えた時か。または、20世紀の終わり、『デジタル・マネー化』が始まり、貨幣の素材価値が完全になくなる動きが生まれた時か。それとも、これらの何れとも、まったく関係のない『歴史的時点』なのか。……いずれにせよ『万物の王』は、もう私たちの世界にいない」とも書いている。

正直に書くべきであろう。私は「いずれにせよ、『万物の王』は、もう私たちの世界にいない」という文章に接して考えこんでしまったのである。「黄金の輝きは消えてしまったのか」。

「金は何者かによって消されてしまったのか」。「否、ある者たちによって殺されたのではないのか」と……。「それでも黄金は美しいのか」と……。「それでも、私たち人間は〝夢見る黄金の胎児〟なのか」と……。

もう一度、鶴岡真弓の『黄金と生命』から引用する。

「紙幣」の本質は、人間の想像の世界に存在する。その「紙幣」によって成り立つ近代経済の世界は、本質的に現実の世界ではなく、「想像によって生み出され、イメージによって保証される、想像の世界」なのである。

ここから、「近代経済の世界」と「想像が生み出した魔術の世界」、「イメージが重視される錬金術の世界」との共通性が浮かび上がってくる。

鶴岡真弓は世にいう経済学者ではない。多摩美術大学の芸術科教授である。私は近代経済とは何であろうと考え続けてきた。しかし、私を納得させてくれる理論を発見できずにいた。だが期せずして私は近代経済学の謎を発見したのである。それは鶴岡真弓のこの本を読んだからである。次の文章を読まれると読者も納得するであろう。

だが、近代経済と錬金術の共通性は、これだけではない。

それを考える際に、重要になってくるのが、ビンスヴァンガーにならえば、「信用」である。

「信用」、この言葉は、経済学の世界では、「信じる(believe)」とは、別の意味も表している。それは、資金や商品のやり取りにおいて、購入と支払いには、必ず「時間差がある」。目の前に現物があって、金と交換して渡すというルールがあっても、それが確実に行われるかどうかは、つねに不確実である。そのリスクをふまえて、資金や商品を受け渡し、経済活動を行っているのである。

私は近代経済学とは何であるかを鶴岡真弓のこの文章の中に発見したのである。一口で言うならば、「近代経済学とは、時間差経済学である」。これから書くことになる「金ETF」をこれほど見事に説明できる理論はない。金ETFは「金と交換して渡すというルールがあっても」、「それが確実に行われるかどうか」は、つねに不確実な商品である。

私たちは「かのような世界」に生きている。「かのような世界」を演出しているのは、魔術師たちであり、錬金術師たちである。彼らは「時間を支配する技術」に長《た》けている。彼らは「現実に存在しない金」を使って、多くの人々に「想像上の金」を与え続け、ついに地球規模の国際的市場を創造することに成功したのである。

「日経ビジネス」誌（2010年7月12日号）に、「究極の避難先、金の輝き増す」という記事が出ている。「ソブリン危機がくすぶる中で、金の投資需要が急増。究極の避難先として世界中から資金がなだれ込んでいる。金の純輸出国だった日本にも転機が訪れるかもしれない」というリードがついている。そして、名文が続く。

「金（Gold）はかくして金（Currency）となった」

記事には次のように書かれている。「金価格に連動するETF（上場投資信託）で8割のシェアを持つSPDR《スパイダー》ゴールド・シェアの6月末の投資残高は3月末に比べて190トン増え、1320トン（5兆円弱）を超えた。それでも全世界の投資資産に占める金の比率は3％未満と見られており、リスク資産に偏った資産配分を見直そうとする投資家の動きは続きそうだ」

この文章には看過できない大きな誤りがある。「全世界の投資資産に占める比率はまだ3％未満と見られており」という点である。後述するが、今や金の取引高は30兆ドル（2700兆円）に迫っており、世界の貿易総額をしのぐ額なのである。

また、次のようにも書かれている。「買い手は全世界に広がる。主役と称される欧州の年金基金や富裕層資金を運用するヘッジファンドだけではない。SPDRの投資残高にはポールソン・アンド・カンパニーやソロス・ファンド・マネジメントといった米国の巨大ファンドも名を連ねる。米系証券のトレーダーは『中国や東南アジアの中央銀行や中東資金も流れている』と言う」。これは正しい。今や世界中のマネーが金に流れている。まさに、金（Gold《ゴールド》）は金（Currency《カレンシー》＝通貨）となったのである。

この記事の最後は次の言葉で結ばれている。

「成長著しい新興国には金の収益率を超える投資機会もあるはず。金がその輝きを増せば増すほど、投資資金を奪われた世界経済は色あせて見える」

鶴岡真弓は「いずれにせよ、『万物の王』は、もう私たちの世界にいない」と書いている。

しかし、「金がその輝きを増せば増すほど」というのは本当であろうか。鶴岡真弓が書いているように、「……1971年、アメリカ合衆国が金とドルの交換を停止した、『世界最強の超大国の金本位制が、事実上、終焉』を迎えた時か」。万物の王たる金は、私たちの世界から姿を消したのではないのか。私はそのように理解している。

しかし、金は見事に甦ったのである。新しい「現代経済学」が金を甦らせたのである。それは別名「時間差経済学」ともいう。この経済学が、ケインズが言った「時代の遺物」たる金を「万物の王」に仕上げたのである。「時間差経済学」の見事なサンプルが「金ETF」である。

私はどうして「金のバブル」に気づいたのか。それは「現代経済学」が「時間差経済学」であると気づいたからである。「金ETF」について書くことにしよう。

■――「コガネムシ」たちが金価格を上昇させる

未来とは何であろうか。未来を予知することはできないのだろうか。未来を予知するために過去は利用できないのであろうか。私はこれらの疑問を心に抱いている。過去を追求することにより、これから起こりうることをある程度は知りうるのではないだろうか。

宋鴻兵《ソウコウヘイ》は『ロスチャイルド、通貨強奪の歴史とそのシナリオ』(2009年、ランダムハウス講談社)で、「人類社会の5000年の長い歴史のなかで、いかなる時代、国家、宗教、民族においても、金《きん》は富の〝最終形〟と認められてきた。この根強い考え方は、決してケインズが軽々しく『金は野蛮な遺物』というだけで、抹消されるものではない」と書いている。

私は「金は本当に美しいのですか」と問いたい。たしかにケインズは金を「野蛮な遺物」と称した。多くの学者たちがケインズの説に同調してきた。私の金に対する疑問はロスチャイルドと金融エリート集団、すなわち国際金融マフィアに金がほぼ完全に支配されたことに対する反発の意味がこめられている。金は唯一、歴史的な、というより、歴史を背負っている政治的な金属なのである。

金本位制が排除されたことで、きわめて異例な社会が生まれた。その結果を宋鴻兵は「経済の危機と衰退の脅威のなかで、国民は容易に妥協し、団結は壊れやすく、社会の注意力は分散し、銀行家たちの策略がもっとも実現しやすくなる。このため、銀行家たちは、経済の危機と衰退を、政府と国民に対するもっとも有効な武器として繰り返し利用してきたのだ」と書くのである。

「金という魔物」が蠢《うごめ》く時代に入っているのに、私たち日本人はそのことについて考えることさえしない。否、そうではない。いまだに、ただただ、金は〝美しい〟とだけ思うように国際金融マフィアたちから飼いならされている。

ノーベル経済学賞最年少受賞者のケネス・アローは「社会的な事物であれ、自然的な事物であれ、それらの事物に対するわれわれの知識は曖昧性の雲を引きずっている。確実性の信念の後から大きな災難がやってくる」との警告を発している。私たちは過去から逃れて自由を得たと信じている。私たちは新しい〝黄金伝説〟という宗教の虜《とりこ》になっているのではないのか。この宗教ほど無慈悲なものはない。この新しく誕生した黄金伝説に対する知識は、一方的に与えられた「有事の金」という信仰である。私たちは曖昧性の雲を引きずって大きな災難を迎えようとしているのではないのか。

ジョージ・ソロスとともに国際投資会社クォンタム・ファンドを設立した後、独立したジム・ロジャーズは黄金伝説について、『商品の時代』（2005年、日本経済新聞社）の中で次のように書いている。

> 今日の金に取り憑かれた人々と言えば「コガネムシ」の連中である。すなわち、金という太古からある金属が唯一永く価値を持ちうる貨幣であり、その価格が暴騰する時代は近いと考える投資家たちのことだ。陰気な顔をぶら下げたコガネムシたちは、金を買い、企業の犯す愚かな間違いや不動産の暴落、株式市場のメルトダウン、米ドルの崩壊、そして

もちろん世界金融市場の混乱に対する保険として金を持ち続ける。自分の子供たちがかつてウォール街と呼ばれた廃墟の貧民窟で暮らしているという悪夢に心を乱されては金を買い、気を落ち着ける。どんな価格だろうともだ。

そうした金への執着は心理学的には大変興味深いが、妄想に振り回されるのは投資哲学としては考えものだ。

ジム・ロジャーズは黄金伝説に取り憑かれた人々を「コガネムシ」と呼んでいる。日本で書かれている「金の本」はすべて、このコガネムシのために書かれている。コガネムシたちはロスチャイルドと金融エリート集団の餌食《えじき》になっている。

週刊「アエラ」(2009年12月14日号)に「コガネムシ」の女たちが描写されている。「最高値『金妻』の高笑い」から引用する。

ドバイ・ショックのニュースが日本に届いた11月27日。「もう売りたいんですが……」貴金属の買い取りを行う都内の業者のコールセンターでは、電話がひっきりなしに鳴りつづけた。そのほとんどが金《きん》を売りたいという客からだった。電話オペレーターの女性はこう漏らした。「みんな電話口でいらだっているのがわかり、こちらまで胃が痛くなってきました」

コガネムシたちが金に熱中している。どうしてか。「インフレヘッジ」のためであろうか。不況下のインフレ（スタグフレーション）にあっての資産価値の目減り対策のためであろうか。それとも、金塊は、ただじっと眺めているだけで気持ちがいいと思っているからであろうか。コガネムシたちが「金ETF（Exchange Traded Fund）」（金価格連動型の上場投資信託。投資家が個別株のように証券会社などを通じて売買することができる。売買注文は取引所を通じて成立する）なるものに熱中しているのは、どうやら金儲《かねもう》けのためらしい。金塊を購入しているのは値上がり後に売るためらしい。

ひょっとすると、コガネムシたちは洗脳されているのではないのだろうか。誰によってか？金価格が永遠に値上がりを続けるであろうと宣伝する、「有事の金」を説くロスチャイルドと金融エリート集団によってだ。洗脳者たちは金融ギャングではないのか。彼ら一味はつねに安全圏にいて、ギャング仲間の内で人生を肯定的に生きている。そして世界に向かって、われわれは世界の役に立っていると言っている。彼らは広告・宣伝を巧妙に使う。巨大メディアが彼らに協力し、嘘のユートピアを垂れ流す。いつの日か、彼らに騙《だま》された被害者たちが一斉に反発を起こす日が来るかもしれない。しかし、彼らは問題が発生する前にすでに目的を達していて、別の仕事にとりかかっている。

私がここまで書いてきて読者は気づかなかったであろうか。

簡単に書くことにしよう。ロスチャイルドと金融エリート集団、すなわち国際金融マフィアたちは金ETFという投資商品を〝発明〟した。そしてコガネムシたちを大量に培養し、利用した後に殺戮《さつりく》する計画を立てているのである。コガネムシたちは洗脳者の巧妙な言葉で、スピリチュアルなまでに妄信している。洗脳者に心を変えられて喜びさえする。小さな甘い誘いを受け入れたコガネムシたちは次なる甘言もまたさらに受け入れて、ついにゴールドの亡者となっていく。さて、もう一度、先の「アエラ」誌から引用する。

ワールド・ゴールド・カウンシル日韓地域代表の豊島逸夫氏は、こう解説する。
「金融危機で、株や債券などの『ペーパーアセット』が紙屑《かみくず》になってしまったことも要因の一つ。それと、サブプライム問題で米国経済の脆弱《ぜいじゃく》性があらわになり、ドルに対する信認が薄れたこともあります。日米両国で、低金利を嫌って預金から金へのシフトも起きています」（中略）
逢坂ユリさん（経済評論家）は定期的に投資セミナーや講演会に登壇する。そこで気付くのは、「前のめり」になって金投資の話に聴き入る女性たちの姿だ。

私がコガネムシというのは、金投資をはじめとする金儲けに走り出した、この「前のめり」になる人々のことである。金の価格はドル建てで決定される。円高が進行すれば、金価格はそれほど上昇しない。前のめりになるコガネムシたちが「都心の大手地金《じがね》商では、金を売る主婦たちが行列をつくったほどです」となる状況がいつでもやってくるのだ。

■新ゴールド・ラッシュ時代の落とし穴

金ＥＴＦが本格的に登場するのは２００４年11月18日のニューヨーク証券取引所（ＮＹＳＥアーカ取引所＝ＮＹＳＥが運営する完全に電子化された米国初の証券取引所）である。現在の名称は「ＳＰＤＲ《スパイダー》ゴールド・シェア」とされている。２００８年６月30日に東京証券取引所に登場したのもこのＳＰＤＲゴールド・シェアである。

金ＥＴＦは証券取引所に上場され、株式と同じように売買される投資信託である。この投資信託の利点としては、売買手数料は株式と同じで、金《きん》の現物《げんぶつ》のような保管コストもかからない、金に投資する商品のなかで最もコストの安い商品の一つとされている。東京証券取引所にはＳＰＤＲゴールド・シェアとＥＴＦＳ金上場投資信託がある。大阪証券取引所には金価格連動型上場投資信託が上場しているが、現物の金との交換はできない。ＳＰＤＲゴールド・シェアは現物と交換可能となっている。しかし、小口は不可能とされている。しかも、現物の受け渡しはアメリカのブリオン・バンクで、と指定されている。つまり、現物への交換は事実上、不可能といっていい。

この金ETFは「証券化された商品」であることを知る必要がある。実物資産ではない。金価格連動という点に注目したい。この金価格はロンドン金市場で決定される。「日経ヴェリタス」（2008年7月5日号）に次なる記事が出ている。

「リスク管理意識の高い機関投資家や個人の富裕層には魅力的な商品ではないか」。金ETFの生みの親の一人、ワールド・ゴールド・カウンシル（WGC）のジェームズ・バートン最高経営責任者（CEO）は上場後の記者会見でこう語った。上場後1週間の売買代金は13億円。商品価格が高騰し株式相場が低迷するなかで、資産の分散やインフレヘッジを考える投資家が興味を示したといえる。

ゴールド・シェアの特徴は現物の金地金が裏付け資産であるということだ。ETFの投資額と同等の金地金が倉庫に保管されるため、投資家は自ら管理する手間を省ける。ニューヨークなど既存の市場では、すでに640トンの投資残高があるという実績も強みだ。

2008年7月に640トンだった金ETFの投資残高が、09年11月には1500トンに増加している。1年あまりで2倍以上に投資残高が増えるというのはきわめて異常である。この金を、ブリオン・バンクであるHSBC（香港上海銀行）、ゴールドマン・サックスやJPモルガン・チェースが管理していると言い張っているのである。

ロスチャイルド財閥はたしかに2004年4月14日、ロスチャイルド銀行の「黄金の間」での金価格決定から撤退した。

この決定に対し、4月16日付のロンドン「フィナンシャル・タイムズ」紙は「ケインズが言ったとおり、金という〝野蛮な金属〟は歴史に封印されようとしている。人々が尊敬するロスチャイルド財閥が金取引から撤退し、もっとも金を擁護していたフランス銀行も金準備高を見直そうとしている。投資対象としての金に、終わりが近づいてきた」と報じた。

ロスチャイルドは新しい金の取引方法を発明したのである。それが金ETFという証券化商品であった。金ETFの金価格はロンドン金市場の価格と連動している。また、金ETFを創《つく》り上げたのは、ロスチャイルドと金融エリート集団が経営するワールド・ゴールド・カウンシル（以下、WGC）である。ロスチャイルドと金融エリート集団は金ETFで何を狙っているのか。金ETFを使って、金価格を吊り上げることである。

SPDRゴールド・シェアはニューヨーク証券取引所での上場準備に入ってから、SEC（米証券取引委員会）の認可までに2年半もの期間を要した。そのため2003年3月のオーストラリア証券取引所が初めての上場となった。そして、2003年12月にはロンドン証券取引所での上場となった。

豊島逸夫（WGC日韓地域代表）がSPDRゴールド・シェアが東京証券取引所に上場する2カ月前に、「週刊エコノミスト」誌（2008年4月15日号）に「新ゴールド・ラッシュ時代」

というタイトルで寄稿している。

米連邦準備制度理事会（ＦＲＢ）の相次ぐ利下げや緊急流動性供給が過剰流動性となり、マグマのように市場の底流に沈殿する。そのマネーの流れを金市場へ導く「用水路」の役割を担ったのが金ＥＴＦ（上場投信）や商品インデックス投資など「金の金融商品」だった。その結果生じた、金という新セクターへの資産配分は戦略的（strategic）ポジションと戦術的（tractical）ポジションに大別される。

長期的インフレリスクのヘッジとして、金を「守りの資産」と位置付け、地金《じがね》を購入して有価証券を発行し上場する金ＥＴＦは長期保存が圧倒的で前者の代表格である。これに対し、後者は金投資のリターンを追求し、先物《さきもの》市場中心に短期売買を繰り返す「バリュー型とモメンタム型」ともいえるだろう。

豊島逸夫の言う「地金を購入して有価証券を発行し……」に注目したい。２００９年の新産金は２５００トン程度である。金ＥＴＦは２００９年末で約１４００トンの残高であるという。地金をどのようにして買っているのかについては一切公表していないのである。その地金の返却は、不可能を前提としている。豊島逸夫はＷＧＣの思惑《おもわく》を見事に表現しているではないか。

「……緊急流動性供給が過剰流動性となり、マグマのように市場の底流に沈殿する。そのマネーの流れを金市場へ導く『用水路』の役割を担ったのが金ＥＴＦ……」

この文章はリーマン・ショックの半年前に書かれたものであることを知ると、ロスチャイルドと金融エリート集団がリーマン・ショックの発生を事前に見越しているのが分かるのである。だから豊島逸夫は「金価格長期上昇トレンドの構造は『限りある資源』という供給要因と『膨脹するマネー』という需要要因の二重構造から成り立つ」とも書くのである。「限りある資源」からどうやって地金を大量に集めて、マグマのように市場に沈殿する資金を、金市場に導くことができるのであろうか。

豊島逸夫は大きな誤りを犯している。この金ＥＴＦは近未来に終わりの日を迎えることになるのである。どうしてか？　「限りある資源」を源としているからである。そのとき何が起こるのか？　金ＥＴＦの消滅で、残高の金が忽然《こつぜん》と姿を消すのである。この金ＥＴＦが現実の紙幣のごとき役割を演じ続けられたのは、これを購入した人々の心の中に信用が生まれていたからである。この信用は金《きん》と兌換《だかん》してもらえるという〝幻想〟に他ならない。

■金上昇システムの真の狙いは何か

金《きん》とは何かについて、私はさまざまな面から考察してきた。ここでは別の面から金について考えてみたい。

金、ここでは黄金という言葉を使ってみよう。どうしてか。黄金という言葉は歴史を感じさせるからである。黄金は歴史的な、高貴なものであった。しかし、金という言葉が使われだして、黄金は何かを失ったのではなかったか、と思うからである。

ヨーロッパで錬金術なるものが生まれたのは、黄金が万物の王と認められていたからである。金属を黄金に変える工作がなされ、それが近代科学の誕生につながったのである。また、万物の王たる黄金が世界中で普遍的な貨幣として使われたがゆえに、黄金は光り輝いていた。別の表現をするならば、黄金は生きていた。そこから重商主義も誕生した。しかし、今や黄金の輝きは消えた。その第一の理由は、金が貨幣として使われなくなったからだと私は書いた。

しかし、金は金以外の金属とまったく違うのである。金は貨幣としては使われなくなったが、宝飾用として使われ続けていたのである。ジム・ロジャーズの『商品の時代』を再度引用してみよう。

> 金は年老いた映画スターのようなたたずまいを帯びている。魅力は健在であるけれど、かつての輝きはない。金は今後も宝石の止め金に使われるし、特にインド亜大陸ではそうだ。インドの花嫁は黄金を典型的には宝飾品の形で携えて嫁入りするし、式に来た客は夫婦に幸運の金貨を贈る。中東では石油成金のアラブ人が自分の裕福さを金の時計や妻に着けさせた宝飾品でひけらかす。中東を通じて、たくさんの店が軒を連ねる金市場《ゴールド・スーク》は代表的

な観光のスポットだ。しかし、アメリカでは金の宝飾品は威信を失ったかのようである。アメリカでの宝飾品や美術品による金の消費は1987年以来大きく減少し、CRB〔先物取引〕商品年鑑は1995年以来その数字を掲載していない。

インドと中国の宝飾品としての金については後述する。

私がどうしてジム・ロジャーズのこの文章を引用したのかについて書くことにする。ロジャーズは「アメリカでは金の宝飾品は威信を失ったかのようである」と述べている。この本は2005年に刊行された。

GFMS社（ゴールド・フィールズ・ミネラル・サービシズ。イギリスの貴金属調査会社）の2006年の統計によると、供給は3906トンで、鉱山生産が63・6％、中古金スクラップが28・4％、公的部門売却が8・4％となっている。需要は同じく3906トンで、宝飾品が58・4％で、純退蔵投資は9・9％に過ぎない。

ここに金ETFが登場する。そして投機用の金が増加していくのである。金ETFの最大銘柄SPDR《スパイダー》ゴールド・シェアの残高は08年末時点で約780トン。09年末には残高1133トンへと急増している。2010年は5月14日現在でさらに残高が1214トンと増加している。

金ETFが膨張して、金市場の実相が大きく変化したのが理解できよう。

金ETFについては前述した。金ETFについての私の懐疑的な見解を書いてきた。今や、金は投機的な商品となった。私たちは金価格の上昇はドルの下落に伴う「有事の金」という説を聞かされ、理解させられている。

さて、最初のテーマに返ろう。ジム・ロジャーズにとって金は「年老いた映画スターのようなたたずまいを帯びている」存在であった。しかし、ロジャーズがどのように2005年の金について語ろうとも、万物の王たる黄金には聖なるイメージが残っている。ロスチャイルドと金融エリート集団が世界中の金塊をスイスの山中に隠し続けるのは、彼らが黄金の持つ価値を知り尽くしているからである。彼らは黄金が生きものであると信じている。彼らは他の金属から黄金を創り出そうとした連中の子孫である。だから、黄金を創り出せば世界が支配できることを知り尽くしている。

金ETFは21世紀に誕生した黄金の製造法である。彼らが「時間差経済学」を発明し、新しい黄金の製造法を発明した。と同時に、金ETF以外にもさまざまなETFを発明するのである。金ETFの債券の売上げが増加し、これに比例して金価格も上昇している。彼らはこの手法を応用し、他の資源価格すべての上昇を狙い、成功しつつある。黄金の聖なるイメージを見事に利用しているのである。

ここに一つの仮説を立ててみたい。もし、金価格が20世紀のように下降し続けたら、この世界はどのようになるであろうかと。間違いなく、資源のほとんどは金価格と連動して下降し続けるに違いないのである。1971年のニクソン・ショック以来、金価格と連動して原油価格も動いたのである。鉄も銅もしかりである。

もう一度、ジム・ロジャーズを引用する。『商品の時代』の第一章は「次に来るもの――それはモノ」である。「新しい上昇相場がやってくる。商品市場だ。『原材料』、『天然資源』、『実物資源』、何と呼んでもいいが、世界中の人々の生活に欠かせない『モノ』の市場である」と書いている。

ロジャーズは、商品の時代が到来することをあらかじめ知らされているのである。誰に知らされているのかは書くまでもない。この世に偶然はほとんど存在しない。「かのような世界」は、かのようにつくられるのである。ロジャーズは「そうした商品の価格を決めたり調整したりする役割を担うのが商品『先物市場』だ」と書いている。この先物市場の発明こそは錬金術師たちが発明した「時間差経済学」の究極に位置するものである。先物市場を支配することにより、ロスチャイルドと金融エリート集団は商品市場を支配下に置いたのである。

「商品の下落相場は1998年に終わり……」とロジャーズは書いている。この年を境に金価格は上昇に転じた。金価格の上昇とともに商品の下落相場も終わったのである。どうして金価格の上昇ゆえに……と読者は考えられよ。「かのような世界」はかのようにつくられる、と私が書いた文章の中にその解答を求められよ。かくて「原材料」も「天然資源」も「実物資産」もすべてが同時進行で上昇していったのである。

だがロジャーズは、大事なことを書き落としている。商品市場のすべてがほぼ同時期にどうして上昇したのかである。それは「時間差経済学」が発明されて、無から有を生む方法が見つかったがゆえである。

ここで、読者に是非とも理解してもらいたいことがある。それは、経済学が神学であるということである。マックス・ウェーバーを持ち出すまでもない。プロテスタンティズムから資本主義が生まれたように、ヨーロッパの諸々の神学から近代経済学が生まれ、現代にいたっているということである。日本人はノーベル経済学賞をもらえない。その理由は、経済学が神学であるという認識がないからである。

この神学という視点に立って商品市場を見るならば、メタル・ウォーズ（資源戦争）の意味するところを半分は理解できる。いかに資源価格を上昇させるかは、人間が神の領域に入って闘うことに他ならないのである。資源を獲得した者たちが〝神〟のような存在となり、資源から見捨てられた者たちが〝奴隷〟のような存在になっていく。

危機的状況は作為的に発生する。すると、資源に対する地政学的危機が起こり、資源価格は限りなく上昇する。21世紀とは何か。危機的状況が限りなくつくられていき、資源供給が逼迫《ひっぱく》するという仮想のもとに、すべての資源が高騰するのである。偶然に金価格が上昇しているのではない。「有事の金」が叫ばれだしてからほんの4、5年で、金価格は3倍以上にも高騰した。金に関する本を読むと、金塊を買うことの利点をさかんに説いている。金ＥＴＦに投資しろと書いている。理由はただ一つだけである。「儲かりますよ」である。

資源価格が上昇し続けるということは資源戦争が演出されていることであり、政治的、経済的危機が終わらないということである。この資源戦争の勝者は間違いなくロスチャイルドと金融エリート集団であり、世界のほとんどの人々は敗者なのである。では、金地金《きんじがね》を買いこんでいる人々はどうであろうか。たしかに彼らは多少の利益を得ることができる。このことに疑義を唱えるつもりはない。利益を上げる方法の一つなのだから。しかし、金ＥＴＦについては疑義を唱えたい。この理由はすでに書いた。

一つの結論を書いて次章に移りたい。

「金価格高騰は吉事ではなく凶事である」。それは錬金術師の演出であるからだ。金価格高騰と世界経済大乱は同時進行であるから、吉事では決してない。私たちは金価格の上昇に対して厳しい見方を持たねばならない。いつの日か資源戦争がクライマックスを迎える時がやってくる。そのとき、金は魔性の姿を見せる。黄金の持つ聖なるものは消え去り、この世ではじめて黄金は輝きを失う時が必ずやってくる。

その時が確実に近未来にやってくる。その時がやってくると、金は市場から姿を消すのである。そして新しい衣装をまとってこの地球上に登場する。新しい貨幣（紙の貨幣）が、金を裏付けとして発行される。ドルも円もユーロも、そして人民元も価値を失くすにちがいない。ロスチャイルドと金融エリート集団の金の独占化が完了する時に新しい時代の幕開けとなる。その時は金地金を買うことができなくなる。金ＥＴＦは消えてしまう。積み立てられた金塊は幻であることが判明する。時間差攻撃で消えてしまうのである。金だけではない。先物市場も消えてしまう。すべての先物も幻となる。

錬金術師たちが究極を目指して行動をしているのを私たちは知らねばならない。彼らは最終目標を立てて行動しているのに、私たちは何も知らされていないのである。

私はポール・ボルカーがオバマ政権に入り、「ボルカー・ルール」を発表したときに、その日が近いことを、そうだ、世界統一政府（ワン・ワールド）が完成する日が近いことを知ったのである。それは、この本の最後で書くことにしたい。

［第2章］

ロスチャイルドと金融エリート集団が金《きん》を独占する

■ロスチャイルドはニュー・ワールド・オーダーを目指す

前章で、ロスチャイルドと金融エリート集団の最終目標は、金価格を上昇させ、資源戦争を仕掛けることであり、その過程を通して世界王国を樹立することであると書いた。ここでは、ロスチャイルドと金融エリート集団そのものについて書いてみたい。彼ら金融集団の組織についてである。

私の知人のコンピューター・プログラマー（彼には資料の収集でたいへんお世話になった）が一枚の組織図らしきものを持って、私の行きつけの喫茶店に来たのは2010年2月のある日であった。小さな英文字でびっしりと埋め尽くされたその図は、大きな組織図らしきもののごく一部であった。全体を拡大するよう私は依頼した。インターネットの大海から探し当てた「ワールド・ガバナンス・ロスチャイルド」というその組織図は、縦横60センチの巨大図面に拡大しても、説明の英文は微細で読むのさえ難しかった。私はこの本を書くにあたり、折に触れてこの詳細図を凝視したのである。

ロスチャイルド最大の金融会社「フィデリティ」のことも、この図から得ることが多かった。この図の中心部に持ち株会社「ロスチャイルド・コンティニュエーション・ホールディングスAG」が掲載されている。その下に太い矢印で下方に向かって、「N・M・ロスチャイルド&サンズLTD」とある。この両銀行についての解説がついている。

「N・M・ロスチャイルド&サンズLTDはすべて、スイスにあるロスチャイルド・コンティニュエーション・ホールディングスAGにより所有されている。N・M・ロスチャイルド・マーチャント・グループは30以上の国に40のオフィスを持ち、2000人以上の従業員を雇っている」

この解説から、ロスチャイルド財閥の中心が、スイスにあるロスチャイルド・コンティニュエーション・ホールディングスAG（以下、スイス・ロスチャイルド銀行とする）であることが分かる。私がロスチャイルドと金融エリート集団というのは、ロスチャイルド銀行を中心とするごく一部の選び抜かれた人々を指すのである。この巨大図面には数百の銀行、保険会社、投資銀行、報道機関……が登場する。しかし、ここでは金《きん》の流れについて追ってみることにしたい。

この図の左上に「ロスチャイルド・グループ」についての解説が出ている。

「ロスチャイルド・グループは断絶することなく続いた単一の家族による世界最大の銀行業グループである。このグループは今日、五

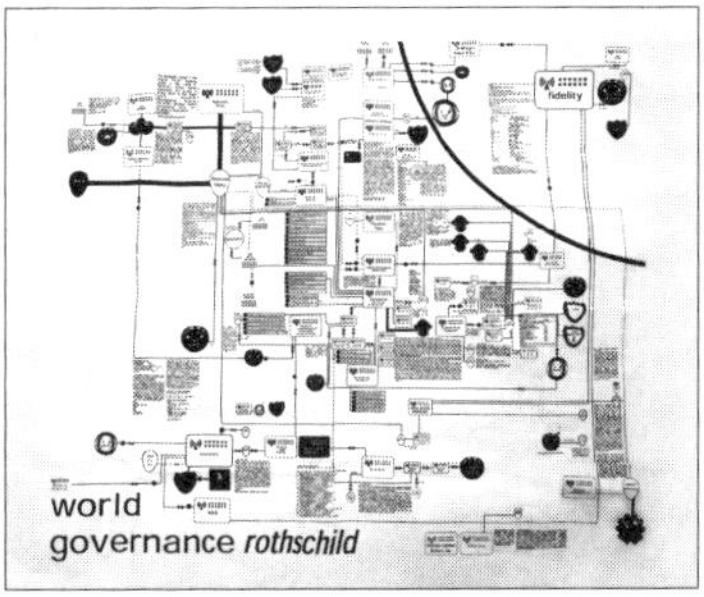

参考にしたロスチャイルド企業グループの組織図

つの主要な分野で活動している。投資管理、銀行業、投資銀行、世界的な私的アドバイス、そして世界的な金《きん》の取引」

1961年11月、アメリカとヨーロッパ主要7カ国によってゴールド・プールが設立された。参加した各国の中央銀行から2億7000万ドル相当の金《きん》が拠出された。アメリカがそのうち半分を負担した。この金をプールし、イングランド銀行が代理人として立て替えた金でロンドン金市場を操作していた。この金プールの主要な目的は金価格が1トロイオンス（約31グラム）＝35・20ドルを超えないようにするということであった。

しかし、フランスがこの金プールの約束を破った。アメリカから30億ドル分の大量の金塊を自国に持ち帰ったのだ。

1968年3月17日、ロンドンの金市場は1週間にわたって閉鎖された。ロンドンの金市場が閉鎖されると、スイスの3大銀行（スイス銀行、スイス・ユニオン銀行、クレディ・スイス）が金の取引に乗り出した。この年の末までにスイスが世界の金現物市場の8割を占めるようになった。スイスの3大銀行（スイス銀行とスイス・ユニオン銀行は合併してUBSとなっている）は金の精錬所を持っていて、旧ソ連、南アフリカの金塊の最終精錬を続けてきた。

この3大銀行を実質的に支配するのはチューリヒにあるスイス・ロスチャイルド銀行である。スイスの銀行は秘密口座を持っている。旧ソ連は自国産出の金のほとんどをスイスで売却し続けてきた。南アフリカの政府や企業はスイスで金塊を売り、スイスの資本市場で債券を発行してきた。

当時、南アフリカと旧ソ連の金塊が世界の金の大部分を占めていた。スイスの3大銀行がイタリアなどの宝飾業界、中東や極東などへ金を供給し続けたのである。

スイスが旧ソ連、南アフリカの金をほぼ独占的に取り扱ってきたのはそれなりの理由があった。それはスイスが永世中立国家だということである。別の表現をすれば、犯罪に関しても中立を守るということである。それゆえにスイスの銀行は法律で厳しい顧客情報の守秘義務を定められている。スイスの銀行には世界中の富める人々が口座を持っている。彼ら超富裕層に対して、スイスの銀行は少なくともポートフォリオのうちの10%を金で保持するように提案し、そのための金を用意する。

1979年にイランで革命が起こった。石油価格はたちまち4倍に跳ね上がった。このときから産油国の投資家たちが金市場に参加した。金価格が急騰した。この金を提供したのもスイスの銀行であった。ロスチャイルドが金価格を定めて、高値で産油国の中央銀行に売ったのである。ロスチャイルドにドルが流れ込み、アメリカは金の現物《げんぶつ》を失い続けた。アラブ諸国は投資対象を金にシフトし続けたのである。

スイスにどうして世界中から資本《マネー》が入り込むのか。どうして世界中の金《きん》が集まるのか。この二つの疑問は同一のことを問うている。

アメリカの金塊が今日でもスイスに流れている。これはロンドン金市場が閉鎖された196

8年以降のことではない。第2次世界大戦前から、金塊のほとんどはスイスに集められていたのである。そして、世界の資本がアメリカよりもスイスに集中していたのである。その金《きん》と資本をコントロールするのがロスチャイルドと金融エリート集団というわけである。

「ザ・インディペンデント」誌（イギリス、2004年4月16日号）に、「ロスチャイルド物語・秘密主義の黄金時代が終わる」が掲載されている。その一部を引用する。

銀行家ロスチャイルドが金の市場（彼らは2世紀間、一流のプレーヤーであった）から退出するというニュースは、時代の終わりとして迎えられた。（中略）1996年に、アムシェル・ロスチャイルド（彼は先祖の多くのように華やかに生きた41歳の男性だった）がパリのホテルの部屋で首を吊った。彼は王朝のイギリスにおける権力の代表として教育されていた。そして銀行のトップであるエヴリン・ド・ロスチャイルド卿が今年（2004年）始めに引退し、ロスチャイルド家の当主の座はフランスのロスチャイルド卿に移った。フランスのディヴィッド・ド・ロスチャイルド卿が当主の座を相続したのだ。彼はパリに拠点を置く銀行を経営している。

ロスチャイルドはロンドンとパリを中心に活動している。そして、ロンドンとパリにある銀行はスイス・ロスチャイルド銀行に本店を置いている。当主を誰にするかで多少の内紛があるけれども、ロスチャイルド家の一族は金融の力で世界を支配するという点で一致している。

イギリスの第4代ロスチャイルド男爵はジェイコブ・ド・ロスチャイルドである。ジェイコブとディヴィッドは共同でロスチャイルドの事業を拡大している。世にいわれるように「秘密主義の王朝の黄金期」が終わったわけではない。このリポートの最後は「2004年、国際金融王朝ロスチャイルドは世界40カ国で営業している」となっている。

インターネットの「アフターマース・ワールド・ニュース」（2009年11月7日）に「ディヴィッド男爵は国際的銀行統治の中でニュー・ワールド・オーダーを見る」という記事が出た。ルーパート・ライトのリポートである。ディヴィッド・ロスチャイルドがリポートが出た週に、ゴードン・ブラウン英首相とサウジアラビアやカタールへ同行していたということが書かれている。ディヴィッドの語る戦略が述べられているので引用する。

> 私たちロスチャイルドがその地域で築こうとしているのは、政府と企業に信用された顧問としての役割です。今日の世界で、私たちは強い負債と資産を提供します。負債と資産は、マネーを求める同じ身体の2本の腕です。

ロスチャイルド家の当主ディヴィッド・ド・ロスチャイル

エヴリン・ド・ロスチャイルド

ドが語る「強い負債と資産を提供する」という意味を理解するのは難しい。しかし、ロスチャイルドが２００４年４月に金価格決定のシステムから手を引いたという事実は額面どおり受け入れるわけにはいかない。金価格（ロンドン金属取引所＝ＬＭＥ）を現在でもロスチャイルドが支配しているのは間違いのない事実である。

「資産を提供する」ということは誰でも理解できる。しかし、「負債を提供する」とはいかなる意味か、理解しかねる。ディヴィッドは「私たちは貸借対照表の両面について提供します。しかもグローバルに提供するのです」とも語っている。彼はまた、「今日、メリル・リンチ、ＪＰモルガン、モルガン・スタンレー、そしてゴールドマン・サックスと中国銀行でさえ、ロスチャイルドの力と影響によって金融機関として運営されているのです」と堂々と語っている。

「ＬＣＦＩ（Large Complex Financial Institutions）」といわれる世界の巨大複合金融機関の大半を、ロスチャイルドがその力を持って支配していると、ディヴィッド・ド・ロスチャイルドが語っているのである。「中国銀行でさえも」に注目したい。後章で中国と金の関係について書くことにする。

ディヴィッド・ド・ロスチャイルド

ロスチャイルドと金融エリート集団がスイスに持つ金塊は、世界の金塊の80％以上を占めるであろうと、私は推測している。金の地上在庫は2003年末現在で15万500トンといわれる。直近では16万トンともいわれている。このうち61％が1950年以降に鋳造されたものである（GFMS社の資料による）。ロスチャイルドと金融エリート集団が、そのうちの12万トンほどを保持していると私は考えている。少なく見積もっても10万トンは持っているだろうと、私は推測する。

ロスチャイルド財閥はこの200年の歴史の中で世界一の金塊の持ち主になった。第2次世界大戦後もスイスに約8割の金を蓄えてきた。もちろん、イタリア、サウジアラビア、中国、インドに金を売却してはきた。しかし、その一方で売却した金も回収してきた。これから数年のうちに、この金が動き出すのである。ニュー・ワールド・オーダー（新世界秩序）が誕生する日が近づいているのではないだろうか。

アンドリュー・ヒッチコックの『ユダヤ・ロスチャイルド世界冷酷支配年表』（2008年、成甲書房）から引用する。1987年の歴史事項が書かれている。

エドモン・ド・ロスチャイルドは世界自然保護銀行（World Conservation Bank）を設立。その目的は、第三世界諸国から債務と引き換えに土地を譲り受けることだった。狙いは、ロスチャイルド家が、地球の陸地の30％を占める第三世界の支配権を握ることにあった。

「私たちは負債と資産の強い提供をします」とディヴィッド・ド・ロスチャイルドが語ったのはこのことだったのである。1987年以降、私たちが知らないところで、ロスチャイルドが第三世界の国々をその金融力でコントロールしているのである。この第三世界に金、銀、鉄、銅、ウラン、石油……が眠っているのをロスチャイルドは知っていたのである。世界は私たちが思っているような世界ではない。

2006年9月、インターネットに「9・11は悪ふざけ」という記事が出た。その記事の中に、「ロスチャイルドと金と熟練のオルガン奏者」という短文が入っていた。次のような文章から始まっている。

エドモン・ド・ロスチャイルド

ロスチャイルドは世界の金の85%を保有している。配下の金融エリート集団を入れると95%も持っている。ロスチャイルドは1日に2回、ロンドンで金の価格をセットする。(中略) ロスチャイルドは金市場を支配する。それは彼らが価格を調整することを意味する。ロスチャイルドは世界の基軸通貨を支配しているといえる。

ロスチャイルドが世界の金の85%を持っているという記事に、読者は疑問の声を上げるかもしれない。そしてまた、ロスチャイルドを中心とした金融エリート集団を入れると、その占有率は95％に達するという文章に、「そんな馬鹿な！」という声を上げるにちがいない。しかし、この文章は否定しえない事実を含んでいる。ロスチャイルドが約100年前から、金の価格を決めていることは間違いないのである。この占有率が事実かどうかは後述することにする。

さて、続きを読んでみよう。とにかく面白いことが書かれているのだから。

ロスチャイルドが金市場を独占した理由は、いかなる国家でも金本位制に戻ることを妨げたいからである。そうすることは、連邦準備銀行が彼らの通貨を金で裏付けさせないことを意味する。それはすなわち、国家が印刷する紙によるお金が何らの価値を持たないことなのだ。

国家が金本位制を捨てて久しい。アメリカが1971年に金本位制を廃止してから40年近くが過ぎ去った。金について書いた本の中には、「アメリカが金本位制に戻る」と書いたものがある。しかし、アメリカ財務省は金をほとんど持っておらず、アメリカの銀行も個人でさえも、金を失い続けている。私たちは国家という幻想を捨てる時が来ている。国家を支配する何かが存在するということに気づく時が来ている。

もう少しだけ、奇妙な文章を引用する。

思い出していただきたい。主要な出来事（戦争など）は、ロスチャイルドの暗黙の了解なしでは起こらない。そうでないとすれば、何事も起こりえないのだ。

さて、この奇妙な文章はここで終わりとする。「グローバリゼーションが完成する前にアメリカは破産しなければならない」「9・11の本当の目的はアメリカの完全破壊である」……と続く文章に、今は解説のしようがないからである。

■――アメリカの金準備の謎を追う

ここで私は一つの資料を読者に提供する。ミッチェル・W・ジョージというアメリカ人のリポート記事「ゴールド」である。インターネットからの引用である。

次のような序文から始まる。

国内生産と利用

ゴールドの約50の鉱脈・鉱山は、いくつかの大規模な砂金鉱山（すべてアラスカ州）で生産される。そのほとんどはアラスカ州、そして西部の諸州で、小規模の金は非鉄金属加工の副産物として、主に銅の生産の副産物として得られる。30の操業企業により米国の金の99%の生産がもたらされる。2008年には、鉱山生産量の値は67億ドルだった。

アメリカ合衆国政府が発表した統計によると、金の生産量は2004年は258トン、2005年度は256トン、2006年度は238トン、2008年度は230トンである。これは公式に発表したもので疑問の余地はない。

私はミッチェル・W・ジョージが紹介する輸入と輸出、そして財務省の在庫記録を見て驚いたのである。アメリカが輸入した金(2004〜07年)までの輸入先として、ペルー(35%)、カナダ(30%)、メキシコ(9%)、チリ(8%)、その他(18%)となっている。さて、以下の表を見てほしい(単位はトン)。

	04年	05年	06年	07年	08年
輸入	283	341	263	170	230
輸出	258	324	389	519	595
財務省在庫	8140	8140	8140	8140	8140
国内消費	185	183	185	180	180

２００６年から輸入と輸出の差が逆転していることが理解できる。特に、２００７年度では輸入と輸出の差が３４９トンとなっている。２００８年度では、３６５トンとなっている。これは何を意味するのであろうか。アメリカから金が大量に消えていっていることを示している。国内消費はほとんど変わらない。

もう一つ、不思議なことがある。アメリカから大量の金が流出しているのに、財務省の在庫は２００４年から08年にかけて、すべて「８１４０トン」となっていることである。

ミッチェル・W・ジョージはこの財務省の発表する政府備蓄について注釈をつけている。「財務省はゴールドの量を維持している。これは重要な統計である。米国防総省が第二次的に貴重な金属の回収計画を管理している」

この注釈の意味するところは、アメリカ財務省の金の在庫について調査することは、アメリカの国防上の問題となるから、要注意でかかれということである。アメリカの金管理がすでに財務省やＦＲＢ（連邦準備制度理事会）の手をはなれ、アメリカ国防総省の管理下に入ったということである。アメリカでは財務省のみならず、国内からも毎年数百トン単位で金が消えているのである。

では、もう一度、ミッチェル・W・ジョージの文章から引用する。

２００８年の国内の金鉱山の生産は３％、２００７年のレベルよりは少ないと推定された。ネバダ州のいくつかの鉱山、コロラド州の一つの鉱山が消えた。生産も減少している。これらの減少はカリフォルニア州、アラスカ州の鉱山の生産の増加によって、ネバダ州やコロラド州の減産分を相殺した。生産の減少にもかかわらず、アメリカは3番目の金生産国に上昇し、金の輸出国となっている。

2007年の金生産量のトップは中国（275トン）で、第2位は南アフリカ（252トン）、オーストラリアが第3位（246トン）、そしてアメリカが第4位（238トン）であった。しかし、2008年には順位に変動が生じた。中国が295トンと大幅に生産高を伸ばしたのに対し、南アフリカは250トンと微減、アメリカも230トンと減少したが、オーストラリアが大きく減産したためにアメリカが第3位に浮上した。

それだけではない。2008年には、生産量230トン、製錬所170トン、スクラップからの再生120トン、計520トンであったのに対し、国内消費量180トンと、輸出595トンの合計795トンが消えている。差し引きすれば、アメリカから消えた金塊の量は235トンとなる。国内消費量をアメリカの在庫と考えても、アメリカの金塊の量は増えていない。

ドル紙幣は印刷すれば、いくらでも増やせる。しかし、金塊は増産が難しい。それだけではない。アメリカの金の生産量はたとえ世界第3位とはいえ、2008年は前年より減少しているのだ。しかも、世界第2位の南アフリカからの輸入はほとんどない。

私はアメリカの金の保有量がこれからも減少していくものと考えている。それにもかかわらず、アメリカ財務省の在庫が８１４０トンと変化がないのがおかしいと書いた。アメリカは年々金塊を減少させ続けている。何が原因で、今も減少させ続けているのかを追求する。その過程で、アメリカから金が流出し続けている最大の原因は、ロスチャイルドを中心とする国際金融マフィアの仕掛けた罠《わな》にアメリカがはまっているからであることが自明となる。

アメリカは超大国である。しかし、そのアメリカでさえ、自国の金塊が消えているのに気づきさえしない。アメリカの金塊の流出はアメリカ国民の知らない方法で進行している。アメリカから金が消えていく仕組みも追求していかなければならない。

■――アメリカの金《きん》はスイスへと流出している

多くの経済学者が書く本の中で、アメリカの公的金の準備高はＩＭＦ（国際通貨基金）の発表した８１４０トンとしている。

アメリカにどれほどの金《きん》が入り、出ていったのかは、金の輸入量、そして輸出量を見れば、おおよそ推定できる。それはまた、アメリカの現代史の一面を見せてくれる。

アメリカの金の在庫が増えてくるのは、フランクリン・Ｄ・ルーズヴェルトが大統領になってからである。特に第２次世界大戦に入る１９３８年には、輸入は３１７０トン、輸出はわずか0・451トンである。1940年では輸入3760トン、輸出は0・995トンとなっている。アメリカ財務省の金在庫が2万トン強に増えたのは1934年から42年のほぼ10年間であったことが分かる。また、1947年には輸入は1720トン、輸出は157トン。1948年には輸入は1720トン、輸出は166トンである。この時期はマーシャル・プランでアメリカから大量の物資がヨーロッパに送られた。そのため、金がヨーロッパからアメリカに流出したからである。

しかし、1951年にはこの関係が逆転する。朝鮮戦争が勃発し、アメリカの金塊がヨーロッパに流出していくからである。FRBは金の監査を1954年以来やっていない。

1965年、輸入が90・4トンであるのに対し、輸出は1140トンとなり、1年間で1000トン以上が流出する。ベトナム戦争の激化ゆえである。

私が今まで書いてきたことから推察し判明することは、第2次世界大戦前後の約10年間でアメリカの金塊量は2万トンを超えたが、朝鮮戦争とベトナム戦争の約10年間でかなりの金塊がヨーロッパに流出したということである。ニクソン・ショックといわれる「金兌換《きんだかん》の停止」が1971年8月15日に実行された。金の流出が止まらなかったからである。では、それで金の流出は止まったのであろうか。答は否である。

1989年以降、2004年と05年を除いて（それも少量の輸出超過）、たえず輸出が輸入を上回っている。アメリカから金が消えているのである。それゆえにこそ、アメリカ国防総省が国家の金の在庫量の発表に関して管理しているのである。この国防総省の行動こそが、アメリカという国がいかなる国であるのかを示している。財務省の金塊在庫量を調査しようとする人間は、国防総省により逮捕される可能性があるのだ。

財務省が公表している資料には「積荷（Shipments）」という項目がある。この中で積荷とは「連邦準備制度理事会（ＦＲＢ）の供給」と定義されている。それは「ニューヨーク連邦準備銀行の外国在庫分からの金塊の流出」と書かれている。また、この金塊の在庫は、アメリカ合衆国における消費に使われたものではないとも書かれている。簡単に表現するならば、国家の公的な流出ということである。

ゴールド・フィールズ・ミネラル・サービシズ（ＧＦＭＳ）社が「ＧＯＬＤサーベイ２００６」（日本語版）を出している。この概観書には「表やグラフは版権所有者の文書による許可なしに複製してはならない」と記されている。だからグラフを掲載できない。「米国の公式金地金輸出」のグラフによれば、１９９６年から98年まではイギリスへの公的地金の輸出が多かった。しかし、１９９９年から逆転し、スイス向けが半分以上となる。この傾向は続き、２０００年から05年にかけては70％以上がスイスへの輸出となる。

素朴な質問を読者にしてみたい。「アメリカの公的金地金の70％が、どうしてスイスに流れたのでしょうか」

アメリカの公的金地金が、輸出という形で消えているのだ。

ＧＦＭＳ社の資料の２００７年版以降になると、公的金地金輸出についての項目が消えてしまっている。２００４年度はアメリカの輸入が２８３トン、輸出が２５７トンで、26トンの輸入超過。２００５年度は輸入３４１トンで、輸出が３２４トン、17トンの輸入超過。ここまでこの２年間が僅かながら輸入が輸出を上回る。

しかし、２００６年度は１２６トンの輸出超過。２００７年度は３４９トンの輸出超過。２００８年度も３３７トンの輸出超過。２００６〜08年の３年間でアメリカは合計８０２トンの金を失っている。２００６年から09年にかけて財政状況が悪化したと考えても納得がいかない。

私は、スイスがアメリカに金をよこせと脅しているのだと考えている。スイスにロスチャイルドと金融エリート集団の本拠があるからである。スイスのチューリヒに「ロスチャイルド・コンティニューション・ホールディングス」（以下、ロスチャイルド銀行）がある。ここから指令が世界中に出ている。ゴールドマン・サックスはロスチャイルド配下の一銀行にすぎない。この点に留意して、ロンドンのロスチャイルド家総帥エヴリン・ド・ロスチャイルド（今は表向きは引退しているが）の次の言葉を聞いて読者は考えられよ（池内紀『富の王国ロスチャイルド』２００８年、東洋経済新報社）。

「私たちは銀行以上のものであって、専門サービスを提供する。ロスチャイルド銀行はゴールドマン・サックスのような大資本をそなえてはいないが、銀行にとって重要なのは、資本の大きさでなく、業務助言の精密度である」

この項の最後に、アメリカのロスチャイルド子会社の一つである「フィデリティ・インベストメンツ（FMR）」について書いておきたい。

FMRの本社はアメリカ合衆国マサチューセッツ州ボストンにある。しかし、もう一つの本社の所在地はバミューダ諸島である。所得税も法人税もアメリカには一切納めていない。バミューダ諸島に資産を全部隠している。従業員数4万1200人(2007年)。400以上の基金を持ち、2300万人以上の投資家と取引がある。2007年9月時点で総資産1兆5700億ドルを持つ、アメリカ最大の投資会社である。

この会社はジョンソン一族が経営するというのが建前であるが、ロスチャイルドの子会社の一つにすぎない。FMRはイギリスに近いタックスヘヴンのチャンネル諸島（ジャージ島）に投資信託（SICAL）を開設しているが、同じ島にロスチャイルド・アセット・マネジメントがある。1999年、JPモルガンとチェース・マンハッタンが合併したが、この両銀行に投資し、救済したのがFMRであった。この合併により、JPモルガン・チェースは完全にロスチャイルドの銀行となった。

もう一つ、大事なことがある。バラク・オバマを大統領にすべく政治献金したトップがFMRであり、第2位がゴールドマン・サックスであったことだ。オバマ大統領はロスチャイルドと金融エリート集団に完全に操られている。アメリカから金が毎年毎年流出していっても、オバマ大統領は沈黙を守るしかない。これがアメリカの悲劇の実相である。
　さて、左の「金の公的保有ランキング」の表を見てほしい。ＩＭＦが公式に発表した数字である。

【2009年末の金の公的保有ランキング】

	保有量（トン）	外貨準備に占める割合
第1位＝米国	8133・5	68・7%
第2位＝ドイツ	3407・6	64・6%
第3位＝IMF	3005・3	―
第4位＝イタリア	2451・8	63・4%
第5位＝フランス	2435・4	64・2%
第6位＝中国	1054・0	1・5%
第7位＝スイス	1040・1	28・8%
第8位＝日本	765・2	2・4%
第9位＝オランダ	612・5	51・7%
第10位＝ロシア	607・7	4・7%

この表は、すべて真っ赤な偽りである。ただ、中国とスイスは本当に金を持っている。ロシアは公表している金を保持している〝可能性〟がある。日本の765・5トンはすべて、アメリカ財務省の管理下に置かれている。一枚の借用書をアメリカから貰っているだけだ。ドイツも同じである。フランスはド・ゴール将軍が軍艦をアメリカに送りこみ、強引に自国に金塊を持ち帰ったが、後にフランス中央銀行がロスチャイルドと金融エリート集団に騙《だま》されてそのほとんどを失った。IMFも今はほとんど金を保有していない。イギリスは表に載ってさえいない。1999年にすべての金を売り払っているからだ。IMFもイギリスと同じく売り払ったのである。

■――IMFはかつて大量の金《きん》を持っていた

1947年7月、IMF（国際通貨基金）設立構想の最初の会議が、米国ニューハンプシャー州ブレトンウッズで開かれた。その地にちなんで「ブレトンウッズ体制」という戦後の国際経済のルールが生まれた。IMFに加入した国々は、為替《かわせ》の固定相場制度の採用に合意した。各国は自国通貨を米ドルに固定し、米ドルは金《きん》の価値に対して固定された。1トロイオンス＝35ドルということになった。アメリカは対外収支で赤字が生じた場合、黒字国の中央銀行に対して金で支払うという義務が生じた。この固定平価制は、ブレトンウッズ体制、または米ドル金本位制といわれた。１９７１年にアメリカ政府が米ドル通貨（及び他国が保有するドル建ての外貨準備）と金の兌換を停止するまで続いた。

ＩＭＦが発表している「ＩＭＦファクトシート」（２００９年４月）に「ＩＭＦによる金《きん》の保有」が載っている。

ＩＭＦは、１億３４０万オンス（３２１７トン）の金を保有しており、指定機関に保管しています。ＩＭＦが保有する金の価額は、バランスシート上取得時の価格に基づいており、59億ＳＤＲ《特別引出権》（およそ87億米ドル）と計上されています。２００９年３月末時点でＩＭＦが保有する金は、同時点の金の市場価格で換算すると９４８億米ドルになります。ＩＭＦが保有する金の一部は１９７８年４月のＩＭＦ協定第２次改正以降に取得されたものが１２９７万オンス（４０３・３トン）あり、２００９年３月末の市場価格では１１９億米ドルになります。

１９７８年４月にＩＭＦは協定の第２次改正を行った。この改正で金保有についての大幅な改正が行われた。

この第２次改正以前は、主に４種類の取引を通じてＩＭＦは金を取得していた。

［1］加盟する際に各国が最初に払い込む出資割当額の25％（クォーター）と以後の増資の拠出は金による。

［2］あらゆる費用の支払い（加盟国によるＩＭＦ融資の利払いなども）は通常は金で行われていた。

ＩＭＦの保有する金は、時価比で過少評価されている資産であることから、ＩＭＦのバランスシートは強固になっていた。その流動性の際には、ＩＭＦの全般的な財務体質の弱体化につながらないようにするための処置とされた。

［3］ある加盟国が他の加盟国の通貨を購入しようとする際に、ＩＭＦに金を売却することで取得できた。１９７０～71年にかけて、南アフリカはＩＭＦに金を売却してドルを獲得している。

［4］加盟国がＩＭＦから受けた融資の返済を金で行うことが可能であった。

以上の４つの理由でＩＭＦは大量の金を取得した。

では、どうしてこのシステムが崩壊したのであろうか。１９７１年8月15日にニクソン大統領が金兌換の停止を発表したからである。

もっと具体的に書くならば、ルーズヴェルト政権誕生から第2次世界大戦終了後までの時期に蓄えられていたアメリカの金準備の大半が、1971年までに、外国の中央銀行とIMFに、そしてロスチャイルドと金融エリート集団の金庫に収まったからである。

1971年～78年4月の約7年間、IMFはなお金準備を増加させた。そして、アメリカの要望を受け入れる形で協定の第2次改正となった。ニクソン・ショックの1971年からでさえ、金はアメリカから流出し続ける。ベトナム戦争の戦費が増大したのが大きな原因である。旧ソ連も1972年から80年の8年間で、スイスの銀行に約2000トンの金を売却した。

この時代はまさに「ゴールド・ウォー」の始まりである。世にいう「チューリヒの小鬼たち」が、アメリカ中央銀行（FRB）を中心に、他の各国の中央銀行から金を略奪した時代である。

1978年4月のIMF協定の改正により、金を第2次世界大戦後の国際為替制度の各国共通の通貨単位として用いることが廃止されたのである。ニクソン・ショック後も、ドルを基準通貨とする金本位制は続いていたことになる。間違いなくアメリカが金を大量に失い、ドル体制を維持するために取った処置がIMFの第2次改正であった。

この改正以降、IMFの金の保有量は増えることはなかった。否、その表現は不正確である。IMFは、アメリカと歩調を合わせて、金の高値を抑え込むために工作するのである。

改正されたIMFの協定で、IMFと加盟国間の取引に金を使用する義務は撤廃された。また、IMFが金の取引を行う際には、IMFがその価格の管理や固定価格の設定をしないよう義務づけられた。これは表現を換えれば、IMFは自由に金市場で金を放出できることになったということである。ＩＭＦは市場価格に基づいて合意された価格で、ドルもしくは他の通貨を受け取ることができるようになった。

こうした偽りの取引にはＩＭＦの総議決権の85％以上が必要となっている。アメリカが持つ17％の拒否権を行使すれば、85％以上の賛成は得られなかったはずだ。しかし、金の売却を続ければ財務体質が悪化する。ＩＭＦはその資産の大部分を金で保有することになっている。設立当初は金が多量に入ってきたので金の売却を続けた。また、報酬や利子の支払いにも金を使ったので、金が流出し続けた。貸付、リース、スワップ、担保としての金も使用された。しかし、協定の第２次改正後には金の流出は売却のみとなった。

金価格の操作は１９７１年８月15日のニクソン・ショック、すなわち、金兌換の停止をニクソンが発表してから今日にいたるまで、止むことなく続いている。表現を換えれば、金の支払いの不履行ゆえに、アメリカは国際通貨協定の拒絶をしたがゆえに、通貨投機が行われることになった。金価格は１オンス35ドルと決められていた。この金価格が無意味になったことが、通貨投機屋を誕生させた。それはまた、金価格が通貨投機屋の手中に落ちたことを意味した。アメリカは国際収支赤字の急増（特にベトナム戦争の戦費増大による）により、ドルの価値を維持できなくなった。

■——IMFの金《きん》は誰の手に落ちたのか

私たちは「有事の金」という言葉に洗脳され続けている。「有事のドル」という言葉の持つ魔力が消えてくると、代わって「有事の金」という言葉が魔力を持つようになった。私はこの言葉は、ロスチャイルドと金融エリート集団が故意に流行《はや》らせた言葉だと思っている。どうしてか、について検討してみよう。

1973年から74年にかけて世界各国の株式市場は急落した。一方、金価格は上昇した。1オンス35ドルの金価格の崩壊の後に、金を1オンス42・22ドルにするという「スミソニアン協定」の時代が終わり、1974年12月30日には金価格は1オンス197・25ドルに達した。1975年1月1日、アメリカは国民に金を保有することを許した。ルーズヴェルト大統領が金保有を禁止したのは1933年であった。しかし、金の保有を解禁しても価格は上昇せず、1975年は128・75ドル、1976年には103・05ドルの底値をつけた。

私はこの底値を八百長による操作とみる。金の保持を認めた1975年1月1日の前日、ニューヨークにCOMEX《コメックス》（ニューヨーク商品取引所）という金の先物取引所が開設された。この先物取引市場の開始と金の保持自由化により、底値を打っていた金価格は反転、上昇していった。

もう一度、「ＩＭＦによる金の保有」のファクトシート（２００９年４月）から引用する。ＩＭＦがロスチャイルドと金融エリート集団の完全支配を受けていることが分かるのである。

競売及び「返還のための売却」（１９７６〜１９８０年）

ＩＭＦは、国際通貨システムにおける金の役割を縮小させるという加盟国間の合意を受けて、当時保有していた金の約３分の１にあたる５０００万オンスを売却した。この半分は当時の公定価格である１オンス当たり35ＳＤＲのレートで加盟国に金を返還する形で売却された。残る半分は低所得国に対するＩＭＦの譲許的融資の財源となる信託基金のための資金を調達するため、市場での競売にかけて売却した。

ＩＭＦは「国際通貨システムにおける金の役割を縮小させるという加盟国間の合意を受けて」と書いているが、これは偽りである。１９７６年秋、金価格は１０３・05ドルの底値をつけた。アメリカ財務省は１９７４年12月３日に初の金売却をし、１９７７年には２度の売却をした。アメリカ財務省の要望をいれてＩＭＦが多量の金を売却した。そして国際決済銀行（ＢＩＳ）も金を放出した。このアメリカ財務省とＩＭＦの金の競売が行われると、スイス国立銀行、フランス中央銀行、西ドイツのドレスナー銀行、そして中東のオイルマネーが金を購入した。

どうして、ロスチャイルドと金融エリート集団は金価格の下落を認めたのであろうか。金を独占しようとするときに不利になるのに、である。しかし、これには、彼らの遠謀があったと知るべきである。ロスチャイルドと金融エリート集団は、ＩＭＦとゴールドマン・サックスを遠謀の中心にすえた。「国際通貨システムにおける金の役割を縮小させる」という計画を進行させることにした。ゴールドマン・サックスが中心になり、ＦＲＢと財務省を動かし、アメリカの公的資金である金《きん》を借り入れることにした。金利の年率は１％。そこで、金を底値で借り入れてはこの金を市場で売却し、その売上金で利回り４～５％の米国債を買った。このやり方に倣《なら》い、ＪＰモルガンやチェース・マンハッタンもＦＲＢや各国の中央銀行から金《きん》を借り入れて売却して、巨大な利益を得た。

どうしてＦＲＢはゴールドマン・サックス、ＪＰモルガン、チェース・マンハッタン、ウォール街の一流銀行・証券会社に金を貸し出したのか。第一の理由は、受け取る利子収入である。貸出当初、金価格は１オンスが１００ドル以下であったため、利子は年間５億から10億ドルとされていた。しかし、貸出の金の量が増えた上に金価格が上昇したので数百億ドルとなった。それでも中央銀行の保有金に発生した評価損は数千億ドルであろう。

私は、このＦＲＢをはじめ欧州の各中央銀行の金貸出をどのように理解してよいのか考えてみた。そして私なりの結論を得た。この結論について簡単に記すことにする。

［1］ロスチャイルドと金融エリート集団は中央銀行の無力化を狙った。そのために「非生産的な金準備を大量に保有しているだけでは利益を生まない」という経済学の妄説がつくられた。各中央銀行の総裁は、ロスチャイルドと金融エリート集団の意のままに動く人材であった。

［2］利率1％の「金リース・レート」と呼ばれる低金利で貸し出された金は安値で売り出され、ロスチャイルドと金融エリート集団の手に落ちていった。これが彼らの「新・ゴールドフィンガー作戦」であった。

［3］ここにもう一つ、大きな理由が隠されていた。金を生産する金鉱山を独占するために、金リース・レートが悪用されたのである。

［4］ロスチャイルドと金融エリート集団は遠謀をもってIMFと世界銀行を創った。それは、各国の中央銀行からIMFに金を放出させることであった。IMFの金は売却という形で金価格を下げる目的で使用された。貧しい国を救済するという目的ではなかった。IMFの金は売却され続け、その多くはロスチャイルドと金融エリート集団の手に落ちていった。

［5］一時的な金価格の上昇局面はあったものの、ニクソン・ショックから20世紀の末までは金価格が低く抑えられた。それはすべて、ロスチャイルドと金融エリート集団の策謀であった。「有事のドル」も偽装工作であり、数々の世界を揺るがした戦争やオイル・ショック後の「有事の金」も偽装工作であった。

［6］ロスチャイルドと金融エリート集団はニューヨークにCOMEX《コメックス》という金先物取引所を

つくり、現物の金を利用せず、金価格を操作するという方法を考えていた。COMEXが開設された当時、年間の生産量は2000トン以下で、その大半は宝飾用、工業用、歯科用で、金貨、投機用金塊はごく少なかった。それが先物市場で1日当たり800トンから1000トンも取引されていった。今、世界中にデリバティブ商品が数多く出回っているが、金の先物市場ができてから誕生したものである。金がデリバティブ市場をつくったのである。

ロスチャイルドと金融エリート集団はロンドンの「黄金の間」で金価格を自由自在に決めていた。ニューヨークの先物市場の終値はいつも、この金価格とほぼ一致していたのである。ロスチャイルドと金融エリート集団がCOMEXを実質的に支配して、金価格を自らの都合のいいように決定していた。「有事のドル」「有事の金」という言説は単なる偽装工作にすぎない。各中央銀行から金を底値で流出させてスイスの山中に隠すために、20世紀の末まで金価格は下降し続けたのである。

2009年末現在でIMFは3407・6トンの金を公的保有すると公式に発表している。しかし、実際にはIMFは金をほとんど持っていない。2009年にインドに200トンの金を67億ドルで売ったが、この金の後にはほとんど残っていない。ペーパー・ゴールドであるSDR債を独自に評価して金公的保有量としているか、大手ブリオン銀行（金を扱う銀行）に金を貸し出した後に借用証を手渡されただけである。IMFはどこに金を保管してもらっているのか、その場所も明示していない。

このIMFもロスチャイルドと金融エリート集団により、公的保有の金塊を奪われたのである。それだけではない。これは後述するが、世界銀行が鉱山企業バリック・ゴールド社の融資保証人の役割を担っているように、IMFも同様の行為をしている。

富める者たちを富ませ、貧しい人々をますます貧しくするために、IMFと世界銀行は活動しているといえるのである。

［第3章］

究極のバブルはかくて膨張していく

■――究極の資産バブルは金《きん》である

ニューヨーク大学スターン・ビジネススクール教授のノリエル・ルービニ教授は米住宅バブルの崩壊や、それに伴う金融危機の到来を2007年の早くから予測し、警鐘を鳴らしてきた。彼は「日経ビジネス」誌（2010年1月4日号）に「金バブル崩壊を警戒せよ」を寄稿している。彼の説を要約して説明する。

ルービニ教授は「急上昇が続く金価格は1トロイオンス＝1000ドルの大台を超え、ここ数週間は1200ドルを突破する日も出てきた。今や〝金本位制主義者〟たちは2000ドル超えすら予想する」と書いている。日本だけでなくアメリカにも、アメリカが「金本位制」を復活すると説く学者がいることをルービニ教授は私たちに知らせてくれる。

「だが、昨今の金急騰をファンダメンタルズ（経済の基礎的条件）によって説明できるのはごく一部であり、バブル相場の疑いがある」と書いている。そこでルービニ教授は金価格が急騰する二つの状況を挙げる。

［1］インフレ率が高く、さらに上昇している場合。金《きん》はそのヘッジ手段となる。

［2］投資家が銀行預金に不安を感じる恐慌に近い状況では、金は安全な逃避先になる。

ルービニ教授は過去2年間（2010年上半期まで）は、こうした状況下で金価格が上昇したのだと解説する。しかし、この上昇でさえバブルであったとルービニ教授は指摘する。どうして異常なのかについて、ルービニ教授は原油価格について説明する。「2008年後半に1バレル145ドルに到達した原油価格が経済成長の息の根を止め、世界的な景気後退が始まると、金バブルも崩壊した。インフレ懸念がデフレ懸念に置き換わると、金価格も商品価格の調整と歩調を合わせて下落を始めた」

下に示した金価格の推移のグラフを見てほしい。2008年の後半に金価格は下落している。それが2009年から上昇を始めるのである。

ルービニ教授の説を聞いてみようではないか。

「なぜこの数カ月で金価格が再び急激に上昇し始めたのであろうか」

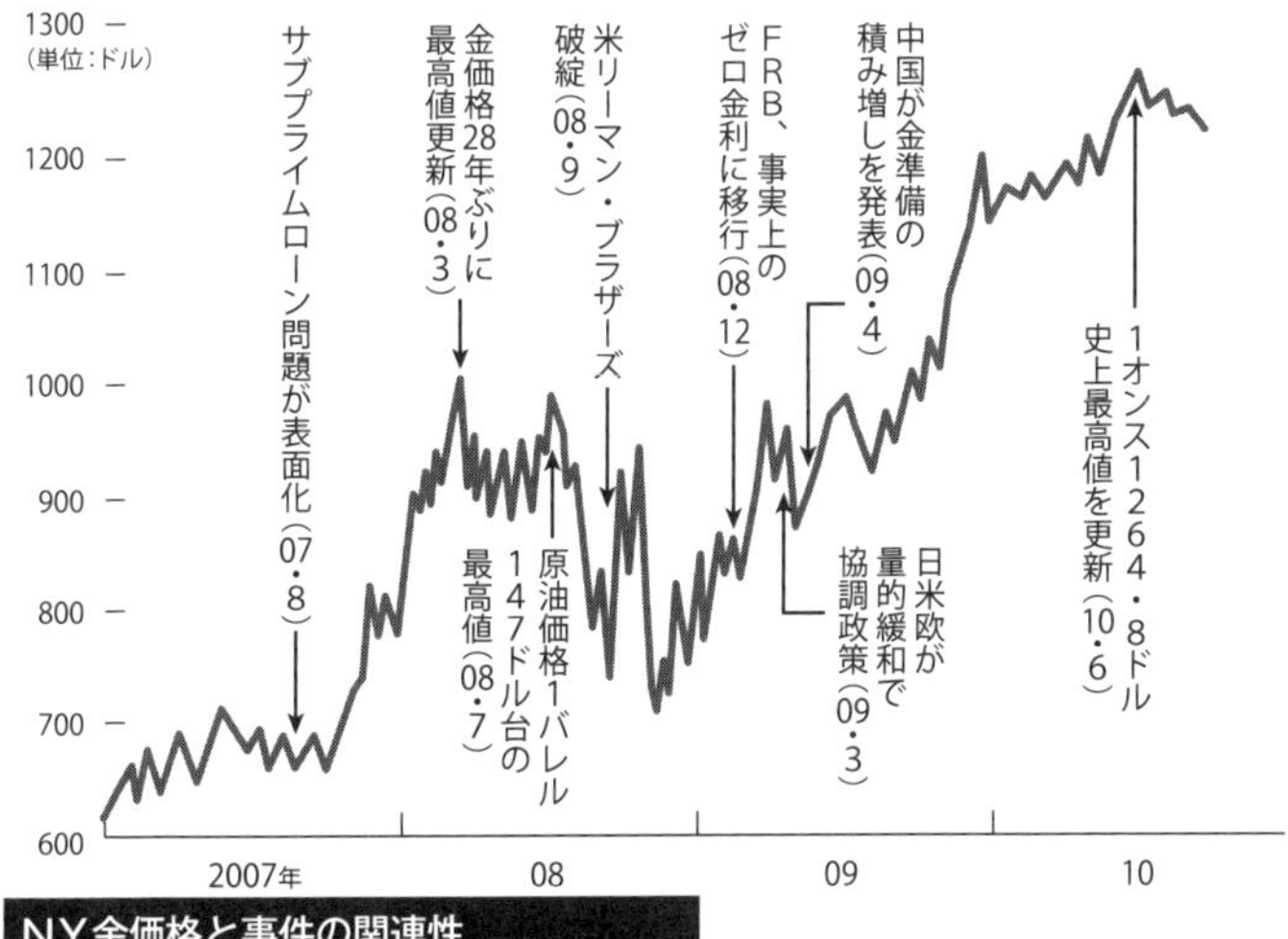

NY金価格と事件の関連性

上昇の第1の要因には、世界的にデフレ状況が続いているとはいえ、マネタイズ（貨幣化）された大規模な財政赤字によって中期的にはインフレ懸念が高まっていることである。第2に、金融緩和策によって供給された大量の流動性は商品を含む様々な資産に向かっており、いずれインフレを悪化させる可能性がある。第3に、ドル・キャリートレードの影響でドル相場が急落しているが、ドル相場とドル建ての商品価格は負の相関関係がある。ドルの価値が下落するほど、金《きん》をはじめとする商品のドル建て価格は上昇するのだ。第4に、既に存在する金と、将来生産される金を合わせた供給には限界があるのに対し、需要はそれを上回る勢いで伸びていることだ。

ルービニ教授の説くなかで、最後の「需要はそれを上回る勢いで伸びているのだ」に注目したい。ここには金ＥＴＦの〝謎〟が書かれている。また、後述するが、中国やインドの需要増大も関係している。ルービニ教授は金価格下落リスクについて次のように語る。「最終的に各国の中央銀行は量的緩和やゼロ金利政策を終わらせる必要があり、それは商品を含むリスク資産への下方圧力」になる。

この説明は理解しやすい。しかし、私はこのルービニ教授の説を採らない。前述したように、金価格上昇はロスチャイルドと金融エリート集団の意図的な策術とみているからである。

しかし、ルービニ教授の以下の分析は正しいとみる。

「キャリートレードと過剰流動性が世界的な資産バブルを招いていることを考えれば、昨今の金価格の上昇も部分的にはバブルだ。投資家の群れ行動と、場当たり的に値動きの激しい投資対象に便乗する〝モメンタムトレーディング〟が価格を押し上げているにすぎない。だが、すべてのバブルはいずれ崩壊する。バブルが大きいほど、崩壊の影響も甚大である」
ルービニ教授が「すべてのバブルはいずれ崩壊する」と書いているが、これは真実である。上がり続けるものは、いつの日か、必ず下がる。いかに八百長工作が巧妙に行われていようとも。八百長的バブルの崩壊は経済に大影響を及ぼす。さて、ルービニ教授の結論を書いておく。

昨今の金価格の上昇は、ファンダメンタルズでは部分的にしか説明できない。また世界経済が再び景気後退に陥り、恐慌に近い状況や深刻なデフレへの懸念が高まっているのであれば、なぜ投資家が金を貯め込もうとするのかも不可解だ。本当に世界経済の崩壊を恐れているのであれば、銃や缶詰など籠城するのに役立つ商品を買い込む方がよほど賢明だ。

バブルの崩壊は突然、そして急激に起きるのである。金バブルがいつ崩壊するのかを私は追求していくつもりである。それは予見しえないことであるけれども。金バブルは複雑である。

ノリエル・ルービニ教授

ニール・ファーガソン（ハーバード大学歴史学教授）は、「フォーリン・アフェアーズ」誌（日本版・2010年No.4）への寄稿論文「複雑系の崩壊は突然、急速に起きる」で、「崩壊のプロセスが数世紀という時間枠で進むのではなく、夜の泥棒のように、突然にやってくるとしたら、複雑系には一定の特徴がある」と書いている。私は〝夜の泥棒〟が突然に金バブルを崩壊させるとみている。

ファーガソンの論文をさらに読んでみよう。

この複雑系が臨界に達することもある。非常に小さなきっかけで、穏やかな（動的）均衡から危機へと局面が瞬く間に変化する。これは、一粒の砂が砂山全体を崩壊させたり、アマゾンの森で蝶が羽をゆらすだけで、イングランド南部でハリケーンが起きたりするようなものだ。

〝夜の泥棒〟がくしゃみをすると、夜のしじまは一気に破られる。〝夜の泥棒〟とは何者か。バブルを崩壊させる者である。彼らはダーク・フォース（邪悪な力）を持っている。

読者の大半は、このダーク・フォースを持つ者たちを理解しようとしない。私たちは一日一日と幻想が広がる世界に生きていて、〝夜の泥棒〟に気づかない。もし、気づいたなら、ルービニ教授が警告するように、金を貯め込むよりも「銃や缶詰など籠城するのに役立つ商品を買い込む方がよほど賢明」だろう。

さて、〝夜の泥棒〟の代表的な人物を登場させよう。あの悪名高き、否、「ヘッジファンドの帝王」ともいわれるジョージ・ソロスである。ソロスがロスチャイルドと金融エリート集団の一員であることを知った上で次のことを考えてほしい。「大紀元時報」（２０１０年2月2日号）から引用する。


先月〔２０１０年1月〕27日から31日の間、スイス・ダボスで開催された世界経済フォーラム（ＷＥＦ）年次総会において、著名投資家のジョージ・ソロス氏が「金《きん》は究極のバブル」と発言し、近い将来、金相場急落のリスクがあるとの考えを示した。

英国紙「デイリー・テレグラフ」によると、ソロス氏は世界中が低金利になっている現在、各国の政策立案者は将来崩壊を生じかねない新たな資産バブルを生み出す危険を冒していると指摘した。「金利が低いとき、資産バブルが生じて拡大する。現在資産バブルが拡大進行中で、そのうち究極の資産バブルは金だ」と同氏は述べた。

世界金融危機以降ドルの下落に伴い、多くの投資家は安定資産とする金に着目した。金相場は昨年12月に史上最高の1オンス＝１２２５ドル強に達しており、２００８年と比べ約40％急騰した。その後、投資家たちから利益確定の売りが集中したため、金価格は大幅に下落し、現在1オンス約１０８５ドル前後で推移している。前月の史上最高値と比べて、下げ幅が10％に達した。しかし、カナダ・トロントに本社を構える世界産金最大手のバリック・ゴールド社のピーター・ムンク会長は30日、「金相場は不安定だが上昇傾向が終わっていない」と強気な見解を示している。

一方、ソロス氏は今後の世界経済情勢について、「不況の調整プロセスがまだ完了していないため、今後追加刺激策の必要があると考える。米国及びＥＵ諸国とその他の国はまだ財政赤字を増大する余地が十分にある。これに対する政治的な抵抗によって、２０１１年以降に経済が二番底に陥る可能性がある」と述べた。

ソロスが「究極の資産バブルは金だ」というのは正しい判断である。それも、ロスチャイルドと金融エリート集団が開催する世界最大の経済フォーラムの年次総会での発言であるだけに、より注目しなければならない。

私は金価格が上昇することにより、他の資源価格も上昇すると書いてきた。ソロスが言う「究極の資産」が金であるというのは正しいのである。

しかも、ソロスは「政治的な抵抗によって２０１１年以降に経済が二番底に陥る可能性がある」と語っている。どうして、ソロスは予言できるのであろうか。それは、彼がロスチャイルドと金融エリート集団に属しており、〝夜の泥棒〟の役割を与えられているからである。２０１１年に「政治的な抵抗が行われる」とは、「米国及びＥＵ諸国とその他の国々が財政赤字を増大させている」から、緊縮政策を取らせるようにロスチャイルドと金融エリート集団が政治的に動くということである。

ソロスがロスチャイルドと金融エリート集団の代理人として世界経済フォーラムで言わんとすることは、「2010年1月現在で、金価格はすでにバブル状態に入った。しかし、このバブルは当分の間続く。しかし、恐慌の第二章がヨーロッパで拡大しているが、この恐慌の底が来年、2011年にやってくる。そしてそれは金のバブルが崩壊するときでもある。私と仲間は、世界の人々に、このフォーラムで、この事実を発表することに同意した。バリック・ゴールド社のピーター・ムンク会長も同意したのだ。皆さんにこの事実を告げた以上、私たちは政治的な抵抗に入る」ということである。

■――「夜の泥棒」ジョージ・ソロスの「新・経済学」とは何か

2010年4月8日から3日間、イギリス・ケンブリッジ大学キングスカレッジで世界の著名な経済学者、政策立案者、思想家約200人が集まり、「経済危機と危機に直面する経済学」をテーマに議論を闘わせた。会議を主催したのはジョージ・ソロスであった。

ソロスが今後10年間、毎年500万ドル（約4億5000万円）を寄付すると約束し、2009年10月に「新経済思考研究所（INET）」を設立した。この会場に集ったのは、ノーベル賞経済学者のジョセフ・スティグリッツやジョージ・アカロフ、ハーバード大学のケネス・ロゴフ教授、ＩＭＦのストロスカーン専務理事らであった。日本人はただの一人も招待されなかった。ソロスはこの席で、「……今や、金融機関にかつてないモラルハザード（倫理の欠如）が広がっている。危険が再発しないよう、経済学及び規制のあり方を根本から考え直してほしい」と語ったのである。

ケンブリッジ大学キングスカレッジは、ジョン・メイナード・ケインズがビクター・ロスチャイルドの庇護《ひご》を受けてマクロ経済学を確立した場所である。そして今、ロスチャイルドの代理人ジョージ・ソロスが新しい経済学を確立するために「反ケインズ経済学」を求めている。それは、究極のバブルが崩壊した後に必要な経済学である。その経済学は、人間を羊のような存在にする経済学となるはずである。

ジョージ・ソロス

ソロスはイギリス、東ヨーロッパ、そしてタイを含む東南アジアで多くの金融危機を演じてきた〝夜の泥棒〟である。彼は投資家としての責任を問われて、「市場参加者として、私は自分の金融行動の結果に関心を持つ必要はない」と述べている。そのソロスが「モラルハザード」について語るのである。新しい反ケインズ経済学の誕生のときに、金バブルは間違いなく崩壊しているにちがいない。その日は近づきつつあるのだ。

そのソロスが「ウォールストリート・ジャーナル」（2010年1月17日付）に、「ソロスは2009年の末に金《きん》の賭けを2倍にした」と書かれている。また同紙は「SPDR《スパイダー》ゴールド・トラストに2009年末現在で6億6300万ドルの株式資産を増やした」とも報じている。ソロスは金鉱山株を増やしている。来たるべき金バブルの崩壊劇に主役を演じるためであろう。

「週刊ダイヤモンド」誌（2009年12月26日・2010年1月2日合併号）に近藤雅也（フィスココモディティー社長）が「米国経済回復なれば（金価格は）反落へ／金融不安再来なら上昇継続」と、「2009年の（金価格）上昇は『バブル』」という論を展開している。私はこの本を書きつつ資料の中から見つけた。ルービニの論とは異なるが記しておく。

2009年の金価格上昇は一種のバブルだった。9月に1オンス1000ドルを超えた後わずか2カ月で1200ドルを超えた。値上がりは先物《さきもの》市場で起きた。先物市場では買った後に損益確定のために必ず売りが入る。米国の景気が回復し、米国が利上げすればドル高が進み、そうした売りが出て金価格は下落に転じるだろう。

すでに史上最高水準にある金価格をさらに押し上げるには、金融不安の再燃やインフレ期待の高まりが必要だろう。ただ、実際にインフレになれば利上げが行われ、インフレヘッジで買われた金もヘッジはずしのために売られる。

ルービニ教授の「金バブル崩壊を警戒せよ」と近藤雅也の考え方は、全くといっていいほどに異なる。ソロスの考え方とも異なる。しかし、2009年の金価格上昇を「一種のバブル」とする点において、私は彼の見解に同意する。2009年から金価格はバブルの状態に入ったのである。

私はルービニ教授の説に賛成し、「金バブルの崩壊を警戒せよ」と叫ぶのである。

■――ポールソン&カンパニーが金価格高騰の主役である

映画「マトリックス」を見たことがあるだろうか。あの映画の中では現実が変化していき、その内部に住む人々によって創り直される。金《きん》が「有事の金」であり続けていること、金を買い続けていれば利益を上げ続けられること、これらの夢を与えている創作者たちが、マトリックスを創り上げて、現実を変化させていると、読者であるあなたは思わないのであろうか。

偽造された金マーケット・マトリックスの中心にいるのは誰なのかと、あなたは考えたことはないだろうか。この金マーケット・マトリックスを育て上げて、あなたの心のマトリックスに忍び込んで、経済的混乱を引き起こさんとしている連中を追求してみようではないか。

「日本経済新聞・電子版」(2010年4月8日付)に、「フォーブス」誌(2010年3月24日号)

の記事「ソロスと組みたがる男・金投資を先導するカプランの正体」が載っている。

今年〔2010年〕3月、世界的な投資家2人が、売上高をほとんどあげたことがなく過去3年間に3億5200万ドルの損失を出した企業の〝信者〟になった。ヘッジファンド運用の大御所、ジョージ・ソロスとジョン・ポールソンの両氏である。彼らがそれぞれ運営するファンドは、合わせて1億7500万ドルをノバゴールド・リソーシズという会社に投資した。そもそも金相場の先行きについてはソロス氏もポールソン氏も極めて強気な味方をしているというものの、彼らはいったい、この大した実績もないバンクーバーにある鉱山会社の何を評価したのだろうか。

ジョン・ポールソンについては後述する。「フォーブス」誌の同じ号に、金投資に関する意見が出ているので見ることにする。

金はこの数十年間本格的な投資対象としては相手にされなかった。しかし彼らの巨額投資は、金がもはや陰謀史観論者や怪しい投資プロモーターだけのものではなくなったことを示している。残りわずかな席を求めて、富豪や大手資産運用会社、ウォール街関係者などが金市場に参入してきている。金価格はこの3年ですでに70%上昇した。高い投資効率につながる利息がついているわけでもない。それでも、歯止めのかからぬ政府支出の拡大や投機のまん延が西洋文明を衰退に向かわせるのだと考えるのなら、金投資の合理性はもはや投資効率の問題ではないだろう。

ソロスは「金は究極のバブル」と語ると同時に、ジョン・ポールソンと組んで金鉱山に投資するのである。カプランが持つ金鉱山はロドンソン・クリークにあり、金埋蔵量２９３０万オンス(９１１トン)。もう一つのブリティッシュ・コロンビアにある金鉱山は金埋蔵量７３０万オンス(２２７トン)。しかし、この鉱山から金を採り出すには大きな困難が伴うという。それでもソロスはこの事業に投資するのである。ソロスは「金は究極のバブル」と言いながら、一方で金への投資を増やしている。

ソロスは金のバブルがはじけるのは、はるか先のことと思っているのであろうか。「富豪や大手資産運用会社、ウォール街関係者などが金市場に参入してきている」というのは事実である。

「実需が伴わない高値は長続きしない」と言われ続けた金であったが、ヘッジファンドの参入で「金の役割そのものが変わった」のである。ジョン・ポールソンのポールソン&カンパニーが本格的に金市場に参入したのは２００９年に入ってからである。

同社の「組み入れ上位銘柄の推移」を見ると、２００８年12月末時点で第4位にキンロス・

ゴールド（投資額5億ドル）が入っている。２００９年3月末時点では、第1位がSPDRゴールド・シェア（金ETF）で28億ドル。そして第5位が「金鉱株ETF」で6億ドル。２００９年12月末時点になると、第1位はやはりSPDRゴールド・シェアで33億ドル。第3位にアングロ・ゴールド・アシャンティが入り、17億ドルとなっている。２００９年の1年間で、金市場に積極的に参入してきたのが分かるのである。

ポールソン&カンパニーは、ジョン・ポールソンが１９９４年に設立した投資会社である。ポールソンは１９５５年ニューヨーク生まれ。ニューヨーク大学で財政学を学び、ハーバード大学でMBA（経営管理学修士）を取得した後、ベア・スターンズ、オデッセイ・パートナーズで投資銀行業務を経験した。２００８年度の世界富豪ランキング「フォーブス４００」では、78位にランクイン、45億ドル（約４０００億円）の資産を有するといわれる。

ポールソン&カンパニーがゴールドマン・サックスと組んで、サブプライム・ローンで大きな利益を上げたこと、またギリシャ危機においても、ギリシャ国債のCDSで利益を上げたことはつとに知られている。ゴールド・サックスの支配下にあるヘッジ・ファンドだと思われる。ということは、ロスチャイルドと金融エリート集団の先兵としての役割を演じていると私は考えている。

ジョン・ポールソン

世界のファンドの運用資産ランキングを見ても、第3位に入っている。第4位がソロスのヘッジファンドである。この巨大化したヘッジファンドが金市場に2009年から参入したことの意味を考えてみたい。

インターネットの経済ニュース「シーキング《Seeking》・アルファ《Alpha》」(2009年11月30日)に「ジョン・ポールソン・ゴールド・ファンド、米ドルの下落に賭ける」という記事が掲載された。この記事は非常に長い。ほんの少しだけ引用する。

> ポールソン&カンパニー(以下、ポールソン)はすでに43億ドル〔約3900億円〕の金関連の投資をしている。ポールソンは金価格を上昇させることを目標としている。デリバティブでの金価格の上昇も目的としている。ポールソンは、アメリカその他の国における紙幣の増刷が紙幣の価値を下げると信じている。そのために金の需要を増すべきである。そうすれば準備通貨も増加することになる。金は商品としてでなく通貨として見られるようになれば、基本的な準備通貨になっていく。もし、金に対する需要が供給よりも大きくなれば、金価格は上昇し続けることになる。

ポールソンはアメリカの将来において、インフレーションの可能性が非常に高いとみている。このインフレにヘッジするために金への投資を選んだのである。

ポールソンが金への投資を増しているのはインフレの可能性があるからだと書かれているが、果たしてどうであろうか。需要が供給を上回れば金価格は上昇する、という考えは確かに正しい。ポールソンをはじめ、ヘッジファンドがリーマン・ショック後に金ETF市場に参入してきたがゆえに金価格が上昇していったのである。

金価格はポールソンの動きを見れば上昇し続けるのが見えてくるのである。これは私がいう「金マーケット・マトリックス」が金相場を動かしていることの証《あかし》となる。

ゴールド・フィールズ・ミネラル・サービシズ(GFMS)の2009年上半期(1－6月期)の資料によると、金の投資需要は991トンで、宝飾品需要の762トンを大きく上回った。月刊「日経マネー」誌(2010年5月号)で、豊島逸夫がポールソンについて書いている。

ポールソン&カンパニーの金ETF保有は90トンを超え、SEC〔米証券取引委員会〕の開示書類を見ても断トツ1位の保有者である。さて、問題は決算期対策などで売らざるを得なくなったときに果たして売り抜けられるかということ。その時点で金価格はかなり下がるかもしれない。決算期のない個人投資家にとっては格好の仕込み時となりそうだ。

私は、ポールソンはロスチャイルドと金融エリート集団の意向に添って、金ETFに参加しているのだとみている。どうしてかと問われれば、ポールソンは2008年までは金にまるで興味を持たず、金融株、国債などに投資していたからである。ゴールドマン・サックスと組んでサブプライムのいかがわしい債券を売買したりして大儲けしていたからである。ソロスと組んで金鉱山業に投資している過程で、ソロスを通じて金ETFに参加するようになったのではないか。

ポールソンが金ETFを大量に、しかもヘッジファンドにしては長期に保有しているのは、米国債に対する不信感がその理由であるとポールソンが自ら語っているが、それは表向きの言い訳であろう。間違いなくポールソンにはロスチャイルドと金融エリート集団から、金ETFの資金が流れていると私はみている。

2009年9月から金価格はさらに上昇していく。大口投資家、ヘッジファンド、ゴールドマン・サックスやJPモルガン・チェース系のファンド、モルガン・スタンレーの運用資金が加わったからである。これは八百長工作といってもいい。貴金属ジャーナリストの亀井幸一郎は『勝ち組』ヘッジファンドのポールソン&カンパニーによるETFの大量買いが話題になったのは昨年〔2009年〕。それ以降、金相場の『足腰の強さ』が目立つ。従来の先物主導の相場とは様相を異にする底買い展開が続く」と書いている。

ポールソン介入から金相場は「足腰の強さが目立つ」とは、ポールソンの介入がなければ、金相場は上昇することがなかったということではないのか。

亀井幸一郎は「通貨への不信感で金買いが活発化」しているのではなく、「金価格とドル相場が連動し始めた」と指摘している。彼は「金とドルの相場がともに値上がりしている。ユーロや欧州中央銀行（ＥＣＢ）への信頼が揺らいでいるのが一因」と書いている。

アメリカ通貨のドルは今、不信感が消えている。日本円などの例外を除いて、各通貨に対してドル高が進行中である。アメリカ国債への信用度も高まっている。通貨不安から金価格が上昇し続けているという説は間違っている。

「究極のバブル」、金価格の高騰は続いている。しかし、どこかで必ず、バブルははじけるのである。その日は早ければ２０１１年であろうし、仮に遅くとも２０１２年であろう。１９８０年代の暴落が再び起こることは間違いない。ある時、崩壊が突然に、急速に起きるのである。

ドイツの歴史家オズワルト・シュペングラーは『西洋の没落』の中で、「西洋の冬で、物質主義と懐疑主義、社会主義、議会主義、そしてお金が支配した世紀だった」と19世紀を季節に例えている。この21世紀は、西洋の冬でなくて、全世界の冬の季節ではないのだろうか。ソロスが「……政治的な抵抗によって、２０１１年以降に経済が二番底に陥る可能性がある」と語っている言葉が気にかかるのである。

究極のバブルである金価格が崩壊するときに、全世界が冬を迎えると私は予測している。冬の季節を迎えるために、ソロスとポールソンは共同で金価格を上昇させているにちがいないのである。

ここでもう一度、亀井幸一郎に登場してもらうことにしよう。週刊「エコノミスト」誌（２０

09年11月24日号）の「個人投資家、ヘッジファンドが大量に買っている」からの引用である。

特に市場関係者を驚かせたのは、有名ヘッジファンドの「ポールソン・アンド・カンパニー」の動向だ。昨年の金融危機をいち早く見越して金融株などを大量に売り、大儲けしたファンドで、いまや全米3位の資金規模を誇る。そのポールソンが金ETFを大量に購入するとともに、南アフリカの金鉱山会社アングロゴールド・アシャンティに投資し、筆頭株主に躍り出た。8月現在でファンドの総資産の約46％が金関連で占められているという。

私はこの亀井幸一郎の文章を読み、全世界に冬の季節が訪れるのを予感した。ポールソンが中心となって、金価格は上昇し続ける。そして、金バブルの時代がしばらく続く。やがて、ポールソンが金の世界から逃げ出す準備に入る。ロスチャイルドと金融エリート集団が合図を出し、ポールソンは金の相場の世界から去っていく。ポールソンは金ETFのみならず、金鉱山も買収している。そして、この世界からも去っていく。

アングロゴールド・アシャンティ社は南アフリカの産金大手企業である。アシャンティは南アフリカの金の産出量が落ちたので、新しい金鉱を求めてコンゴ民主共和国の金に目をつけた。コンゴの金埋蔵量は世界最大級である。しかし、金鉱山のある東部は、内戦の終結以来、軍閥と犯罪組織の手に落ちている。以下は、ロレッタ・ナポレオーニの『ならず者の経済学』（20

08年、徳間書店）を参考にしている。

コンゴは内乱が続いた。国連はコンゴに対し世界で最もきびしい武器禁輸措置をとった。しかし、アシャティはコンゴ政府から採掘権を得る際、軍閥たちに見かじめ料として9000ドルを支払った。コンゴでのアシャンティの金は南アフリカ、イギリス、スイスの精錬工場で精錬され、ウガンダの金として売られている。この金はブラッド・ゴールド（血の金）といわれている。このアシャティの親会社がアングロ・アメリカンで、ロスチャイルドと金融エリート集団が支配する。ジョン・ポールソンがロスチャイルドと金融エリート集団の一員であることは疑いの余地がない。

コンゴのブラッド・ゴールドが今や世界中に出回っている。金ETFを大量に保持し続ければ、ブラッド・ゴールドの価格も上昇していく。

金価格上昇が非合理的なものであり、簡単に操られることに気づかれたであろうか。それでもなお、金価格をプロパガンダを利用して吊り上げようとすれば、神話を創造する以外にない。

「ウォールストリート・ジャーナル」紙（2010年1月20日付）から引用する。


今年〔2010年〕の始め、一部の金のトレーダーは、ポールソンの新しいファンドを予想した。そのファンドは2月2日に募集開始された。何十億ドルを増やして金が買われ出した。金価格がより高くなっていった。

■——金《きん》はバブルなのか、それともバブルではないのか

ロンドン金市場協会（LBMA、London Bullion Market Association）について書くことにする。「店頭」での金《きん》の市場で金売買が毎日行われている。LBMAは実質的な世界の金売買の約90％を行う。毎日売買される金の量はLBMAのインターネット・サイトで示される。だがこれは、総取引高ではない。例えば、一人の投資家が1日に100万オンスを売って、それから同じ日に110万オンスを買うとすれば取引高は10万オンスとなるからだ。したがって発表される取引高は、投資家の口座へ「動かされる」金の量となる。

このLBMAの記述に関しては、主としてGATA《ガータ》のニュースレターから引用することにする（GATAについては後述する）。

「2009年11月の間の毎日の金取引高は220億ドル（約2兆円）である」

このデータは2009年11月の「1日平均」の数字である。このデータから分かることは、毎日LBMAで交換（取引）される金の総量が約2100トンだということである。

この記事は、2010年1月18日にGATAの機関紙に掲載された。記者はエイドリアン・ダグラス、タイトルは「小さい金の市場は実は世界で最も大きい」である。

次頁の表を見ていただきたい。金の産金量は年間で2500トン以下である。しかも、中国

とロシアは産金の売却を禁止している。たとえ中国とロシアの産金量を除く金すべてがＬＢＭＡに入ったとしても、１日分の取引量しかないことになる。続けて「ＧＡＴＡ」のニュースレターを引用する。

売られた金の量〔２００９年〕は、およそ６万５０００トンである。世界中に存在する金はおよそ１万５０００トン。仮にすべてをＬＢＭＡが持っているとしても、債券保有者が現物の金との交換を求めたならば、ＬＢＭＡは５万トンを支払う義務がある。

ＬＢＭＡは毎年５兆７０００億ドルの金の取引をしている。ＧＡＴＡは「この金の取引高は全アメリカの経済の60％に相当する」と書いている。このＬＢＭＡから金ＥＴＦの金塊も購入される。

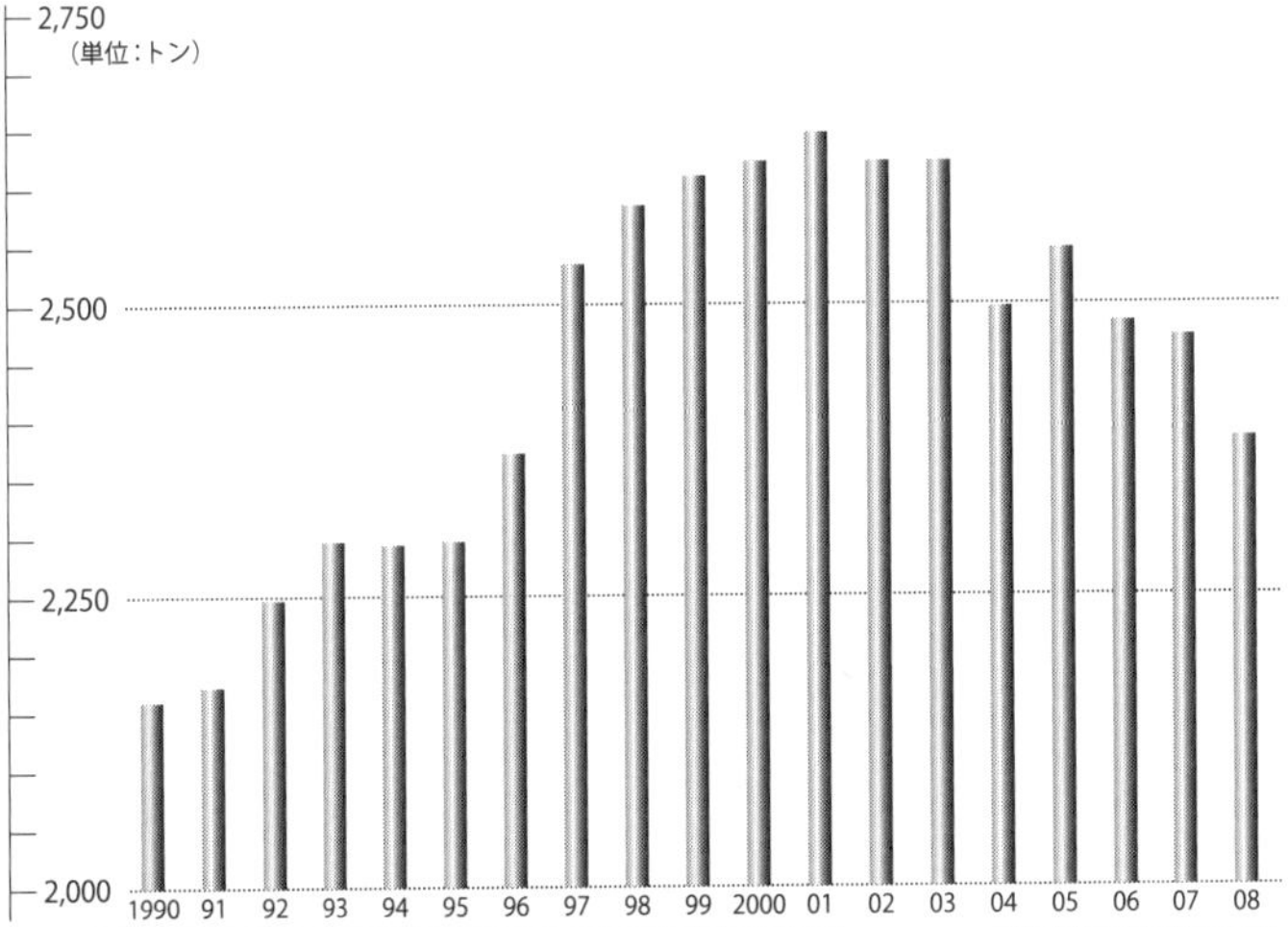

新産金の量は減っている（新産金量の推移）

ほとんど（限りなくゼロに近い）金塊の所有なのに、あたかも持っていると投資家たちを騙してLBMAは金塊を売っている。この騙しのテクニックを創り出したのがLBMAの会員であるブリオン・ディーラー（地金《じがね》銀行）である。HSBC、JPモルガン・チェース、スコシア・モカッタ、バークレイズ、ドイツ銀行、UBSである。

この銀行の中でHSBCとJPモルガン・チェースがニューヨーク商品取引所で金の空売《からう》りをしている。この2銀行はデリバティブ金取引の95％を握っている。私は錬金術師について書いた。HSBCとJPモルガン・チェースの両銀行のディーラーたちはまさしく錬金術を駆使して、紙（仮の借用書）を金に換えているのである。ニューヨーク商品取引所にももちろん、金塊はない。では、金の現物を投資家たちが要求したらどうなるのであろうか。

HSBCやJPモルガン・チェースは多くの金を要求されると、中央銀行から金を一時的に賃貸するか買おうとする。しかし、中央銀行もほとんど金を持っていない。地金銀行は投資家に金の代わりに現金をプレミアムをつけて与える。このようにして今まではやってきた。しかし、実質的な金がないのに、このような綱渡り的行為がいつまでも続けられるものであろうか。

ロンドンのLBMAは各中央銀行に金の提供を求めたが拒否され続けている。アメリカの造幣局は金貨と銀貨の鋳造を定期的に停止している。COMEX《コメックス》（ニューヨーク金取引所）は2008年の末から実物の金を要求されて困っている。COMEXは将来において実物支払いのマーケットを作ると発表してはいる。COMEXも実物の金を持たぬままに先物取引を続けている。ＬＢＭＡは、金の実物の代わりに現金和解を提示して大きなプレミアムをつけるという噂もある。金を売り尽くすか、貸し尽くした中央銀行が今や、買う方向に転換している。あの世界一の金鉱会社バリック・ゴールド社も、金を売らずに買うという方針を打ち出している。ＬＢＭＡの詐欺的な活動が広く知られるようになってきたのである。

バーナード・マドフの金融詐欺的な事件と同じような行為を、ＬＢＭＡとＣＯＭＥＸもしているのではないだろうか。それも、５兆ドルとも６兆ドルとも、否、それ以上の巨額の詐欺が進行中なのである。これが究極のバブルでなくて、何をバブルというのであろうか。このペーパー・ゴールドの増加が実物の金価格を上昇させているのではないだろうか。

それではここで、読者に一つの質問をしてみよう。

「あなたは実物の金を持っているのですか？」

「あなたはＬＢＭＡのような金の保証書を持っているのではないですか？」

さて、二つの意見を例記してみることにする。金はバブルなのか、それともバブルではないのか。

【Ａ説】金は次のバブルなのか

「ウォールストリート・ジャーナル」（２０１０年３月25日付）に載ったブレット・アーレンズの

論文の要約である。

＊＊＊

もし、10年前に、安値だった金にあなたが投資していたら、あなたは今、ほぼ400％のリターンを得ていたことになります。もし、他のほとんどのもの――住宅、株式――に投資していたら塵《ちり》と化していたはずです。今や、金は最高記録に近づき1オンス1200ドルは明らかです。

ハーバード大学教授のニール・ファーガソンは「金を買う年は1999年であったが、2010年ではない」とウォールストリート・ジャーナルで語っています。また、ある人は「賭け事に抜け目のない人は、数カ月前に、金から逃げた」と言っています。しかし、彼らは正しくありません。未来は知りえないものなのです。もし、金がバブルなら、それが終わっていないのはなぜなのでしょうか。金は1オンスにつき250ドルから1200ドルにまで上がりました。しかし、その上昇は非常に低いレベルで始まりました。金の価格はそれまでの20年間落ち込んでいました。そしてこの10年間のブームは、長期にわたる平均的な回復を迎えたということです。

1990年代のナスダックの高まりの中での金、そして、2005年～06年のダウ・インデックス高の時代の金……。金はこの二つのバブルの時代に同じような経路をたどりました。多分、賭け事に抜け目のない人は今日、金に賭けていないでしょう。しかし、彼らはあまりに早く過去のバブルから出たことを忘れているのです。金はその点から考えて、バブルではなく長い道のりの途中なのです。バブルのピーク時であれ、ウォール街のアナリスト全員は強気です。金鉱会社最大のバリック・ゴールドの3分の2のアナリストも強気です。私は逸話的なレベルの上で、金はバブルのピークにあるとは思っていません。私たちは現在バブロニア（永久の泡の土地）に生きています。ここに好機があるのです。「時は異なっている」という物語があるのです。世界中の中央銀行は貨幣を流動させ氾濫《はんらん》させています。この現実から答えは簡単に解けます。従来の財政的な方法では金を評価できないのです。

１９７９－80年に金の価格は１００％ほど上がりました。それが今、再び起ころうとしています。１オンスおよそ６３００ドル？　私は金の価格が成層圏に入っているとは言っていません。ただ、私は正当な論拠がそうさせるといっているのです。しかし、金はリスクの大きくて潜在的に危険な投資です。投資することを考えている人は誰でも、最初に若干の重大な決断をする必要があります。

［B説］私は、なぜ金を信頼しないのか

「ウォールストリート・ジャーナル」（２０１０年5月27日付）に載った、同じブレット・アーレンズの論文であることに注意して読んでほしい。彼は金とは何かを読者に問いかけている。

＊＊＊

私は前回の論文で金が成層圏に入るほどだと書いたため、新しい仲間を作りました。そして今日は私にとって、非常に嘆かわしい日です。私は新しい友全員を失うからです。私は金への投資を絶対におかしいと思うのです。ウォーレン・バフェットはこう言っています。「金はアフリカの地下から、また、どこかの地下から掘り出される。我々はそれを溶かして、もう一つの穴を掘って、再びそれを埋めて、それを守るために、人々を雇い入れ支払いをする」

金は不安定で評価するのは難しい。金は収入を生みません。金は「堅い資産」です。それは土地をビン詰めにしたようなものです。

私は金が1200ドルになり人々が熱中しているのを見ると心配になります。数年前は500ドルか600ドルでした。もし、あなたは数年前に戻れるとしたら、もっと金を買いますか？ それとも売りますか？ さあ、金の市場に入ってみましょう。しかし、この市場にはいささかの神秘的な真実も、空中浮揚の不思議さもありません。そこには単に、売り手よりも数多くの買い手がいただけなのです。

価格が上がるならば、金が不足していなければ、とあなたは思うでしょう。しかし、ワールド・ゴールド・カウンシルが提供するデータは注目に値する物語なのです。この世界で使われている金はすごい量なのです。2002年以降、金細工職人、宝石商、歯科医、一般工業用が約2万2500トンの金を使いました。しかし、同時期に2万9000トン以上の金が市場にやってきたのです。

この金の大部分は金鉱山から産出されました。減少してはいますが、中央銀行からも供出されました。また、古い宝石などからのスクラップもありました。もしも供給が一貫して需要を上回るとしたら、どうして金価格は上がるのでしょうか。

金の投資家や買いだめする人々にはたくさんの相違点があります。しかし、たった一つの、トータルな理由があります。需要が供給を上回っている、ということです。たくさんの人々が、金の値段が上がるという希望ゆえに金を買っているのです。金が上がる唯一の方法は、多くの人々が今以上に金を買うかにかかっています。それがまた、上がることができる唯一の方法なのです。この投資方法を何と呼べばいいのでしょうか。そこにあるのは、新メンバーがもたらす新しいマネーによって現在のメンバーの利益が上がっていくということです。

——それは、ネズミ講——

そうです、私は以前にも言いました。「金は次のバブルかもしれない」と。投資によってバブルはつくられるという意味です。しかし、私は投資としては金を信用しません。どのようにして、あなたはこの金の円を正方形にすることができますか。

＊＊＊

同じ筆者による「A説」と「B説」のどちらを信じるかは読者の自由である。私は「B説」の「ネズミ講」説を正しいとする。いつの日か、LBMAもCOMEXも破綻すると信じている。負債6兆ドルを超える巨大倒産劇とともに、本当の意味での「恐慌」がやってくると予測している。

[第4章]

金《きん》バブルが演出され続けている

■──常識が、実は非常識な金《きん》の物語

「日本経済新聞」（2008年10月23日付）から引用する。

世界的に著名な英貴金属調査会社「ゴールド・フィールズ・ミネラル・サービシズ」のポール・ウォーカー最高経営責任者（CEO）は22日、東京都内で講演し、金《きん》の国際価格について「今後半年から1年の間に1トロイオンス1000ドルを試す可能性がある」との見通しを明らかにした。ニューヨークの金先物（期近）は21日終値が766・1ドル。3月につけた（1014・6ドル）からは水準を切り下げているが、プラチナや原油など他の商品に比べ堅調な値動きが続いている。

ウォーカーCEOは「当面は金融不安による投資資金の流入が金相場を支えるだろう」と分析。年内の相場水準については750－950ドル程度の範囲を予想した。一方で「いずれ投資需要は後退するだろう」と話し、相場が下振れする可能性も示唆した。

私たち日本人は私が幾度も書いたように、ドルの価値が下がったときか、危機が世界を襲ったときに、金価格が上がるという間違った常識を身につけてしまった。しかし、現実はまった

く異なっている。２００８年3月に金価格は最高値（１０１４・6ドル）をつけた後、リーマン・ショックという危機に瀕して大幅に下降するのである。金への投資金額が減ったからである。私たちが持つ常識は信用できないものである。

しかし、「ゴールド・フィールズ・ミネラル・サービシズ（ＧＦＭＳ社）」の見解は信用していい部分が多い。どうしてか。ＧＦＭＳ社がロスチャイルドと金融エリート集団の宣伝・広報機関であるからである。ポール・ウォーカーが予想する「今後半年から1年の間に1トロイオンス１０００ドルを試す可能性がある」との見解どおりに金価格は動いていくからである。ウォーカーは「当面は金融不安による投資資金の流入が金相場を支えるだろう」とも分析している。金相場を支えるのが、宝飾用、歯科用、工業用などの実需でなく、投機資金であることを示している。

「日本経済新聞」の経済コラム「大機小機」（２００８年10月22日付）に「米連邦準備理事会（ＦＲＢ）が大量の金を貸し出して価格を下げようとしている。本当ですか」という疑問を呈して、これの答えが用意されている。ディーリング経験のある専門家が以下のように回答している。

「百トンが出回ってもディーラーならすぐ気づくほど金市場は狭い。金融システム不安が解消せず、貸出先の破綻懸念もあるのにＦＲＢが回収不能のリスクをとるとは思えない」

「大機小機」はこの専門家の説明の後に、「真剣に質問されても、冷静に考えれば分かることなのに」と書くのである。「大機小機」こそが「冷静に考えなおさねばならない」のである。

私は、FRBもアメリカ財務省もほとんど金を持っていない事実を冷静に考えて書いてきたのである。「百トンが出回ってもディーラーなら気づくほど金市場は狭い」とは、トンデモない常識ではないのだろうか。ロンドンの金市場では毎日、実物の金取引が2000トン以上なされている。「金市場は狭い」のでなく、石油市場よりもずっと大きいのである。ロンドンの金市場だけでも年間5兆ドル以上の取引高である。日本経済新聞も、ディーリング経験のある専門家も、この常識を知らないのである。だから偽りの情報を流し続けているのだ。

だから「米連邦準備理事会（FRB）が大量の金を貸し出して価格を下げようとしている、というのは本当ですか」という問いへの答えは「本当である」となる。FRBと他の国の中央銀行は協力しあっている。大量の金を貸し出した事実を否定しようとする、日本経済新聞の最低限の良心を疑わざるをえない。

21世紀の始めまで、不当に金価格が抑えられてきた事実を私は書き続けてきた。世界の中央銀行を支配するのがロスチャイルドと金融エリート集団であるという事実を、私は書き続けてきたのである。

私はこの項の最初にGFMSのCEOポール・ウォーカーの予言、「今後半年から1年の間に1トロイオンス1000ドルを試す可能性がある」を読者に伝えた。この予言は2008年10月23日付の日本経済新聞で報じられたものであった。

次頁の表を見てほしい。彼の予言は見事に的中している。彼の予言の約1年後、2009年

9月16日のニューヨーク金先物が1019・8ドルとなった。それだけではない。銀・白金《はっきん》も1年ぶりに高値となった。私は金の高値が他の金属などの高値をよぶと書いてきた。金は魔性を持っているとも書いた。この2009年9月、ドルは主要通貨に対して下落基調を強めていた。9月16日には1ユーロ＝1・47ドルであった。米商品先物取引委員会（CFTC）はヘッジファンドなどの原油や穀物などの先物取引に、持ち高制限を課す方針を出していた。

しかし、金への規制の方針を打ち出すことはなかった。原油や穀物は実物商品への投資であるのに対し、金は投資商品の色彩が濃いのである。金こそが先物投資を規制する商品として規制しなくてはならないものであった。

2009年に入ると、ポールソンやソロスなどの大手ヘッジファンドが金ETFや金鉱株への投

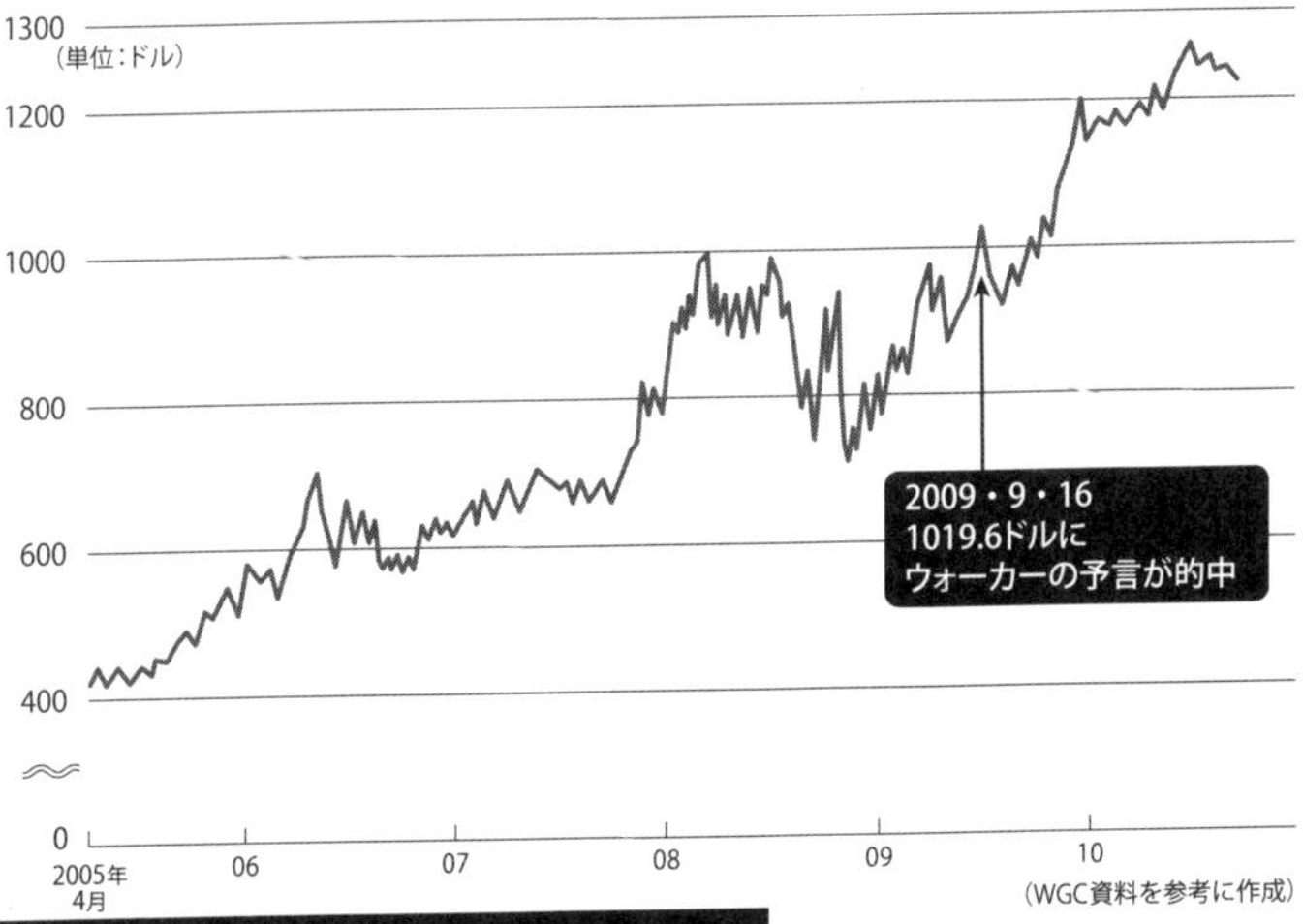

史上最高値を更新した金価格

資を増やした。この頃から金が「代替通貨」として宣伝されだした。ニューヨーク市場の金先物相場（ＣＯＭＥＸ《コメックス》）では投機筋の買い越し残高が急増し、約７００トンに達した。投機家たちはこの７００トンがペーパー・ゴールドであることを知っている。それでも彼らはバーチャルな金の市場にドルを投入し続けたのである。

この金市場を実質的に支配するのが、ロスチャイルドと金融エリート集団の中でも代表的な銀行の香港上海銀行（ＨＳＢＣ）である。ＣＯＭＥＸでＨＳＢＣは顧客たちに金への投資を誘う。しかし、ＣＯＭＥＸの倉庫にはほとんど金がない。もし、客が実物の金を要求するときは個別に交渉し、金価格にプレミアムをつけてドルを渡す。２００８年12月、投資家グループが団結してＣＯＭＥＸに実物の金を要求する事件が発生した。ＦＲＢとアメリカ財務省はＨＳＢＣをはじめとするブリオン（金地金）・バンクの要請を受け入れて金を貸し出したのである。これは応急の処置であった。

それから1年近くがたち、ペーパー・マネー市場に大量のドルが流れ続け、金価格は上昇を続けている。この投資マネーに、米商品先物取引委員会も、ＦＲＢとアメリカ財務省も無関与である。だからこそ、私が書き続けている「金バブル」が進行を続けているのである。

「最後に残ったのは、価格変動リスクがあっても信用リスクがない無国籍通貨の金である」という新しい神話がリーマン・ショックから1年が経過して確立されたのである。この年、２００９年1〜6月に金ＥＴＦの投資は５２２トン増えて、２００８年1年間の増加量の1・6倍に達した。金ETFの「SPDR《スパイダー》ゴールド・シェア」だけでも裏付け資産としてロンドンの金庫に1079トンの金塊が積み上がったといわれている。ロンドンの金市場はLBMSの金塊のほとんどがペーパー・ゴールドであるのに、どうしてSPDRゴールド・シェアだけが実物の金を積み上げることができるのかを、読者は考えてみないといけない。あの金庫に積み上げられた金は、タングステンの上に金メッキをほどこした偽物の可能性がある。この偽物の金については後述する。

「日本経済新聞」（2009年10月2日付）の「金のイロハ」に次のような記述がある。

「ドルが主要通貨に対して弱含むなか、代替通貨としての金の需要が強まっている。ドル建ての金価格は通常『ドルと逆相関』の関係にある。ドルがユーロなど主要通貨に対して値下がりすると金は買われやすい」

これを「金のイロハ」であると日本経済新聞は書いているのである。しかし、この「金のイロハ」は日本経済新聞の記者にとっては常識であるかもしれないけれど、間違った常識である。イロハのイでなく、イロハのンである。2010年に入ってから、ギリシャ危機後にユーロとドルが逆相関になったのにもかかわらず、金価格は上昇を続けているからである。

2001年の9・11テロ後の「有事の金」も、リーマン・ショック後の「安全な資産」も偽りであった。真実はただ一つだけ。ロスチャイルドと金融エリート集団が金価格を操作し続けているということである。そういう意味で、私は読者に「金のイロハ」について書いてきたのであった。「金のイロハ」とは、金が高度の金融商品であり、グローバル化された世界に電子取引システムで大量に売買されていることを知ることである。この電子取引システムでは、金は無限に実物が存在しているという前提になっている。もし無限に実物がないとすれば、電子取引システムは存在しえない。

だから、この取引システムにおいてロンドンの金の在庫量は「５万トン」とされている。ほとんどゼロに近いのだけれども……。

私はＣＯＭＥＸ《コメックス》という言葉を使用してきたが、１９９４年に「ニューヨーク・マーカンタイル商品取引所（ＮＹＭＥＸ）」に統一されている。しかも、このＮＹＭＥＸも、シカゴ・マーカンタイル取引所（ＣＭＥ）に買収されている。ＣＭＥは「ＧＬＯＢＥＸ金先物」ともいわれる。ＣＯＭＥＸという言葉は金取引に限っては今日でも使用されている。なお、ニューヨーク証券取引所に金ＥＴＦが上場されているが、この現物（金地金）を保管しているのは以下の金融機関である。

＊バークレイズ・キャピタル（イギリス）
＊ＨＳＢＣ（香港上海銀行、イギリス）
＊ドイツ銀行

＊スコシア・モカッタ（イタリア）
＊ソシエテ・ジェネラル（フランス）

これらの金融機関について私は書いてきたが、このすべての機関は本当の金地金を持たず、持っているのは、ペーパー・ゴールドか、タングステンに金メッキした偽ゴールドにちがいない。この点についても後述する。

「常識が実は非常識な金の物語」について書いてきた。次項も意外と知らない金の常識を書くことにより、読者の「金のイロハ」の知識に挑戦することにする。

■――矛盾だらけの金《きん》の供給と需要

2009年10月に入るとニューヨークの金先物が急騰した。ヘッジファンドや大口投資家たちの買い越し残高は過去最高の水準に達した。金ETFの「SPDR《スパイダー》ゴールド・シェア」の残高が重量換算で1100トンに達した。2年前の倍であった。ポールソン＆カンパニーが「短期売買」でなく中長期に保有する姿勢を示したことにより、多くの投資家たちが追随買いをしだした。ポールソン＆カンパニーがアングロ・アシャンティの筆頭株主となった。世界最大の鉱山会社バリック・ゴールド社が9月にヘッジ売りの買い戻しを発表し、「負の遺産」といわれた金デリバティブから撤退する方針を打ち出した。

２００９年10月、リーマン・ショックから約１年が過ぎると、ロスチャイルドと金融エリート集団の目指すものが見えてきた。彼らは金《きん》の価格を吊り上げることに決定したのである。偶然に金価格が上昇するのではない。「有事の金」の演出が功を奏した後は、有事があろうがなかろうが金価格は上昇していくことになったのである。

ポールソン＆カンパニーとソロスのヘッジファンドが中心となり、ニューヨークの金先物市場で暗躍し、バリック・ゴールド社が彼らを援助しはじめたので、必然的に金価格は上昇することになったのである。

もう一つ、重要な動きが出てきた。中央銀行の方針転換である。私は世界中の中央銀行は一部の例外はあれ、ロスチャイルドと金融エリート集団の支配下、とまでは書かないが、大きな影響下にあると書いてきた。

中央銀行はブリオン・バンクに金を貸し出したり売却したりして、金の価格が上昇するのを抑える役割を演じてきた。だが２００９年に入ると、各中央銀行は金を買い付けだしたのである。需要が増加すれば価格は上昇する。しかし、金の供給量は減少するばかりである。２００９年に入ると、中国とロシアが金の輸出を禁止した。それゆえ、金の市場で実物の地金《じがね》が極度に不足してきた。

各中央銀行は２００８年に合計で２３６トンを売却したが、この量は07年の半分であった。

各中央銀行の金が08年にほぼ底をついたからである。そこで09年4－6月期には14トンの買い越しとなった。その前期の1－3月期は52トンの売り越しであったのに。

すべては金価格上昇に向けてのシナリオが完成していたことを読者は知らなければならない。先物買いの急増、金ETFでの残高の激増、中央銀行の買い越し……これらの需要の高まりに対する供給はどうなっているのであろうかと、疑問を抱かないといけない。間違いなくロンドンの金市場、実物の金のみを売買していると宣伝する金市場LBMSには金は存在するけれども、ほぼすべてがペーパー・ゴールドである。各中央銀行も、ペーパー・ゴールドを購入し、実物の金はLBMSの金倉庫に預けていることになっている。金価格が上昇すれば金のIOU《アイオウユー》(I owe you) たる〝借用書〟がLBMSから発行されるだけである。

2009年9月、国際通貨基金（IMF）は保有する金を約400トン売却すると発表した。IMFの金売却については後述するが、実物の金の可能性は低いのである。IMFも各中央銀行同様に金の実物をほとんど持っていないからである。

私はLBMSの金市場で5～6兆ドルの金の売買がなされていると書いた。他の金市場を含めると2003年には5兆ドルの取引高であったものが、2008年には20兆2000億ドルとなり、2010年は30兆ドル近くに間違いなく達するはずである。私はこの全世界の金取引高のうち、どれだけがペーパー・ゴールドなのかは知らないけれども、年間2000トンを下回って市場に出る金塊の量からすれば、とても信じられない取引高なのである。

私は幾度も書いてきた。これは「金バブル」ではないのか、と。この金市場を超える商品市場は存在しないのである。2008年のリーマン・ショックによる世界の各大手銀行及びヘッジファンドなどの損失金額は数兆ドルである。サブプライム問題での不良債権の損失額は1兆ドル程度である。私たちは巨大なバブルが進行中なのに、何ひとつ、情報のかけらさえ与えられていない。ロスチャイルドと金融エリート集団が故意に情報操作をしているとしか思えないのである。私たちは「黄金に関する神学」を一方的に押しつけられている。金塊をブリオンという。ブリオン至上主義、すなわちブリオンイズムが私たちの頭を狂わせている。

金価格が上昇するもう一つの原因はFRBのアメリカ国債買い取りにあった。2009年9月の3000億ドルの国債買い上げが財政規律の緩《ゆる》みを生んだ。これがドル紙幣の大増刷となった。バーナンキFRB議長はドルの大増刷を「量的緩和策」とは呼ばず、「信用緩和策」と言ったのである。かくて2009年の9月ごろからドルが大量に市場に流れ出した。金市場へ数兆ドルのドルおよびユーロ、円……が入ってきた。金価格を上昇させるべく、バブルを演出すべく、ロスチャイルドと金融エリート集団が動いたのである。

ソロスが語った「2011年の恐慌説」は真実味を帯びているのである。深刻な世界恐慌が起きれば、国際経済における覇権国が交代する。アメリカが覇権国であり続けることができなくなったとき、次なる覇権国はどこになるのであろうか。ここまで考えてみると、覇権国は国家なき国家に移るのではないかということである。その国家なき国家の覇権を目標として暗躍しているのがロスチャイルドと金融エリート集団なのである。危機の時代には金価格が上昇するというのも神話である。「歴史の亡霊」が21世紀に入って甦ってきたのである。

過剰なマネーが流動し、実体経済から離れて株式市場や商品市場に入ってきた。金だけではない。すべての商品が多少の高低はあるけれども上昇しはじめたのである。投機マネーが金価格を乱高下へと誘いつつ、ついに高値へと導いたのである。

私はスイスに金が集中的に流入していると書いてきた。「日本経済新聞」(2009年11月25日付)の「新マネー、金へ流入」という記事を紹介する。金塊がスイスに集まり、そして、その一部が世界中に流れていくのを知ることができる。

チューリヒから列車を乗り継いで3時間あまり、金の精製工場が集まる小さな町は、スイス南部の山あいにあった。国境を接するイタリアの宝飾産業とともに発展した地域で、世界の精製量の3分の1をまかなうという。

その一つ、アルゴ・ヘラウス社の工場の内部は熱気がみなぎっていた。運びこまれた材料を仕分けし、溶かし、延べ棒や金貨の型にはめる。数年前までは年間200トン未満だった生産量は、いまや300トンを超えるペースだ。最高経営責任者のオブリ氏は言う。「金は魅力的だとは思われていなかった。変わったのは金融危機からだ」。06年には1トロイオンス＝600ドル前後だったニューヨーク先物市場の価格は上昇を続け、23日には一時、1170ドルを超えて史上最高値を更新した。近くで別の工場を経営するMKSファイナンスのシャカシ社長によると、今回の金需要には二つの波があった。金融危機の直後は、銀行破綻への恐怖が人々を安全資産の金に走らせた。今年8月終わりからの第2波では、ドルの下落をきっかけにドルをはじめとする主要通貨の将来の価値に疑問符がついた。

買い手も入れ替わった。MSKの欧米への売り上げは06年には全体の2％しかなかったが、09年は50％を上回る。

「欧州と米国はいまや、我々にとって新興市場だ」とシャカシ氏は言う。

精製工場と精錬工場とは全く別である。スイスのUBSとクレディ・スイスの大手銀行は自前の金精錬工場を持ち、ロシア、南アフリカを中心に精錬前の金塊を仕入れて、最終精錬をしてきた。このやり方は21世紀の今日でも変わることがない。世界中から金塊がスイスに集められ、UBSとかクレディ・スイスの刻印が押されたインゴッドが製造される。文中にある精製工場は下請け工場である。精錬されたインゴッドの一部が精製工場で延べ棒や金貨となる。これらの精製された商品はUBSやクレディ・スイス、すなわちロスチャイルドと金融エリート集団のルートで世界中に輸出されることになる。

金の延べ棒の売り上げは上昇している。また金貨も同様である。しかし、宝飾品の需要は2

001年から減少しはじめた。01年には世界需要の70％以上を占めていた宝飾品需要は09年についに投資需要に逆転された。金価格が投資需要主導で上昇していることが、需要動向からも分かるのである。

金高騰は「基軸通貨ドルへの不安による金買い」の説が一般的である。しかし、これは表層的な見方にすぎない。基軸通貨ドルの不安を煽るだけでは金は高騰しない。宝飾品などの実需を上回る投資資金が金市場に流れ込んだからである。私が金バブルが発生しているとみるのは、2009年に入ってから実需をはるかに上回る投資資金が金市場に入ってきたからである。

それだけではない。総供給量は2005年をピークに落ちはじめ、金鉱山からの金、スクラップからの金を合わせても3000トンを切っている。しかし、前述したように、投資資金は2000トンを下回る金に対し、ペーパー・ゴールドの投資世界を創造し、その取引高は20兆ドルをはるかに超える。

こういうペーパー・ゴールドの乱売がどうして起こっているのかを追求するとき、金価格の決定がロスチャイルドと金融エリート集団に一任されているという事実にたどり着く。私が「時間差経済学」というところに行き着く。

金は存在する。しかし、同時にそこには時間というものも存在する。だからペーパー・ゴールドが生まれてくる。

貴金属の指標価格について書いておくことにする。

今や国際商品となった金は、通貨と同様に、金融機関、そして現物業者の間で24時間売買されている。時差があるので、香港、ロンドン、ニューヨークと順に移っていく。しかし、ロンドンの現物市場であるＬＢＭＳ（ロンドン貴金属市場協会）が中心であることに変わりはない。

ＬＢＭＳでは午前と午後の1日2回、フィキシング（値決め）が行われる。これが基準価格となっている。ＳＰＤＲ《スパイダー》ゴールド・シェアもこの基準価格を基にして、販売当日の債券の価格を決定する。ロスチャイルド銀行の「黄金の間」で決められていた金価格決定システムが廃止された後は、このＬＢＭＳが金価格を決めていることになる。金価格を上昇させるのにＬＢＭＳが好都合であったからだと考えたからであろうと、私は推測している。

ブリオン・バンクであるＨＳＢＣ、バークレイズ銀行、ドイツ銀行などの大手金融機関が売買注文を持ち寄り、電話による競《せ》りの方式で価格決定をするという建前になってはいるが、それ以上の詳細は公開されていない。たぶん、ＬＢＭＳも、大手ブリオン・バンクのグループがロスチャイルドと金融エリート集団の意向を受け入れて基準金価格を決定しているものと思われる。この基準価格が鉱山会社の出荷価格にも影響を及ぼすことになる。金ＥＴＦの価格決定はこの基準価格によっているのであるから、ロスチャイルドと金融エリート集団が金の世界を独占的に支配しているといえるのである。

銀は売買高の多いニューヨークのマーカンタイル取引所の先物価格が指標として使われる。

この先物価格はＪＰモルガン・チェースの影響力が大きく左右する。ＪＰモルガン・チェースはロスチャイルドと金融エリート集団の配下にある。従って、金と銀は、彼らが価格の独占的決定権を持つということになる。

金の先物はニューヨークのＣＯＭＥＸで大量に取引される。金の先物がＬＢＭＳより大きく上昇するとＨＳＢＣが介入し、価格を下げることになっている。金の先物価格もロスチャイルドと金融エリート集団が完全にコントロールしていることが、これだけでも分かる。

白金《はっきん》は年間生産量が金の20分の1しかない。従って投機的な売買が価格を乱高下させることがある。主に工業用に使用されるので、景気動向にも大きく左右される。白金はスイス・チューリヒの現物市場で取引価格が決定される。金、銀、白金という貴金属の価格がロスチャイルドと金融エリート集団の都合で決定するということを理解してから、「金のバブル」を冷静に見究めなければならないのである。

「矛盾だらけの金の供給と需要」を匂わせる記事が「日本経済新聞」（２０１０年6月24日付）に掲載されていたので記すことにする。ＳＰＤＲ《スパイダー》ゴールド・シェアの資金運用会社、米ステート・ストリート・グローバル・アドバイザーのスコット・パワーズ最高経営責任者（ＣＥＯ）の発言に注目したい。

――投機的な色彩も強まっているのでは

「金市場全体から見ればETFはまだ小さい存在だ。いま金の最高値は需要に対して供給が不足しているからだ」

パワーズの発言の中に「矛盾だらけの金の供給と需要」の関係が見えてくる。この発言の後にも彼は「日本でもETFの新商品投入を検討している」と語っている。金の供給が需要に対して不足しているのに、パワーズは新しい金ETFをどうして創り出そうとするのであろうか。

■――金価格はどこまで上昇するのか

投資・投機的な商品への運用残高が増加している。金《きん》などの商品向け上場投資信託であるETFの他にも、指数連動型金融商品であるインデックス・ファンドがある。金をはじめとする国際商品市場へ流入する国際マネーが多様化している。2008年秋のリーマン・ショック以降、国際マネーの信用収縮ゆえに、国際商品市況は下落局面にあった。すでに書いたように2009年の後半から金価格は高騰した。ニューヨーク先物市場では09年11月に入るとヘッジファンドが、翌年4月に1トロイオンス1150ドルで金を買う権利を大量に取得した。金価格は上昇を続けていったが、2010年4月9日のニューヨーク先物終値は1161・9ドルであった。それでも3月末に比べると4％上昇した。

ヘッジファンドがニューヨーク先物市場に大量のドルを投入して金価格の高騰を煽っているのが分かるのである。

２００９年に入ると、１トロイオンス１２００ドル台に上昇し、１１００ドル台に下降する場面もみられたが、１２００ドルを中心に高値が続いた。「日本経済新聞」（２００９年12月9日付）には「一時は〔12月〕3日に付けた史上最高値（１２２７・５ドル）と比べ90ドル以上安くなる場面もあった。米国の景気回復期待からドル安が一服したのを受け、代替通貨として買われていた金に利益確定売りが膨らんだ」と書かれている。この記事の「利益確定売り」が金価格の多少の増減を生むのである。ほんの少しだけの変化があるものの、２００８年から金価格は上昇を続けている。同じ記事を続けて読んでみよう。とても奇妙なことが書かれている。

　引き金となったのは4日発表の11月の米雇用統計。非農業者数の減少幅が前の月から大幅に縮少し、失業率も小幅改善した。金融引き締めの時期が早まるとの見方から、主要国通貨に対してドルが上昇。ドルとの逆相関を強める金価格は下落した。

私が「とても奇妙なことが書かれている」と指摘したのは「ドルとの逆相関を強める金価格は下落した」という点である。雇用者数の減少幅も失業率も金融引き締めの時期も、金の価格の上昇・下降に何ら関係がないのである。ドルとの逆相関もまったく関係がないと断言できる。

ましてや「代替通貨」としての金ゆえに金価格が上昇しているのでもないのである。ＦＲＢが利上げに踏み切ると金の価格は下降するのであろうか。私はこの考え方も否定する。

巨大な国際ドルが動いて金市場をバブル化したがゆえであると私は書き続けてきた。たしかに政治的要因が多少は影響することもあるだろう。金価格の上昇は、株や債券と同じような金融商品に、金がなったからだ。上昇も下降も、簡単に操作されるようになったのである。ＥＴＦとインデックスの〝発明〟によってロスチャイルドと金融エリート集団はソロスやポールソンを操り巨大なマネーを与えて、金ＥＴＦや金鉱山株に投資させているのである。

私は読者にごく単純なことを書き続けている。それは読者は自分でこの世の動きを分析しなければならないということである。株価も為替《かわせ》も、操作されて上昇したり、下降したりしているのである。後章で中国について詳述する中でこの点についても追求する。株価も為替も金価格同様にロスチャイルドと金融エリート集団によって操作されていることを知って、今、この世界で何が起こりつつあるかを知らねばならないのである。

ロスチャイルドと金融エリート集団が何を狙っているかについて私は書いてきた。彼らが２００８年から09年にかけて金価格を上昇させるなかで、金の「代替通貨説」を流布《るふ》させてきたのである。金以外の商品バブルがはじけ、原油などの異常とも思える高騰もひとまず沈静化したが、どうして金だけが高値を更新し続けることができるのかを、考えなおしてみないといけない。その中心にあるのが金の「代替通貨説」であることを知れば、謎のかなりの部分が解けるのである。彼らは秘かに、読者のみならず、世界中の多くの人々を洗脳し続けて、ほとんどその洗脳に成功しているといえるのである。

繰り返すが、金が初めて1トロイオンス1000ドルを超えたのは2008年3月であった。09年9月に一時的に下降したものの金価格は高騰を続け、2010年6月21日にはニューヨーク先物市場で8月物が1266・5ドルの史上最高値を付けたのである。

欧米では「セーフ・ヘヴン《safe haven》」（安全な避難所）という言葉が流行しているという。「タックス《TAX》・ヘヴン《haven》」（税金避難所）を連想させる。これは金のことを指す。金が代替通貨の役割をするから安全な避難場所として金価格が高騰するという神話が2008年から09年にかけて生まれたのである。

投資の基本とはこれまでは「クイック・イン《Quick・In》、クイック・アウト《Quick・Out》」（急いで入り、急いで出る）であった。ポールソン&カンパニーもソロスのクォンタム・ファンドも、大手ヘッジファンドはこの投資の鉄則のもとに世界を〝乱〟の中に投げ込んでいた。彼らヘッジファンドにより、市場のすべてが乱高下し続けていたのである。

しかし、ポールソン&カンパニーは金ETFと金鉱株などに投資し、長期的に資金を動かしている。ソロスも同じような動きをしている。ここには間違いなくロスチャイルドと金融エリート集団の意向があると、すでに私は書いた。多くの人々は別の面でも騙されていると私は書いた。それは株や国債の市場に比べて商品市場は極端に小さいと思わされている点である。日本のほとんどの経済学者がそのように書いている。アメリカのWTI原油市場でさえ、市場規模は2008年7月時点では2000億ドルである。しかし、私は金の市場は20兆ドル（08年末時点）であると書いてきた。巨大バブルが発生しているのに、この巨大バブルをすべての報道機関が無視し続けてきたと私は書いた。

ここで金価格がどこまで上昇し続けるのかを検討してみたい。まず一般的に考えられている価格変動の要因を列記してみる。

［1］ドル安と米国及び欧州の財政不安（財政赤字）
［2］投資・投機の増加、新興国も入れた中央銀行の買い入れの増加
［3］インフレ懸念（金融不安）
［4］テロなどのリスク（軍事的緊張）

ドル安不安が2010年に入りなくなり、ドル高が進行中なのに金の高騰が続いている。この［1］の点が金価格変動のいちばんの要因とされてきたがそれも通用しなくなった。次の［2］の「投資・投機による金市場への介入」による金価格上昇、これは正しい。世界の中央銀

行が2008～09年にかけて金を買い入れている点についてはすでに書いた。しかし、金価格上昇の大きな要因ではない。［3］のインフレ懸念は当分ありそうにない。それは米国と欧州の財政赤字が増大していてデフレが進行中であるからである。最後に［4］のテロなどのリスクはどうであろうか。小さなテロがいつも発生しているが、金価格を押し上げる要因とまではなっていない。つまりは、金価格の上昇要因とされるこの4つの一般的な見解では金価格の真相は知ることができないのである。

ただ一つだけ例外はある。金への投資・投機がもし消えたら、金価格は下がるということである。しかし、ここで注意しなければいけないのは、他の原因とされるものが何であれ、金への投資・投機は続いているし、これからも続くということである。では何が起こったら、金への投資・投機は終わりとなるのであろうか。

それは、ロスチャイルドと金融エリート集団の〝決断〟にかかっているということである。その決断の時はいつなのかについては最終章で書くことにする。

もし、決断がなされれば、大手ヘッジファンドは金市場から去っていく。金の先物市場は崩壊する。金ETFも消滅する。ペーパー・マネーが無価値となっていく。バブルははじけるからバブルなのである。はじけないものはバブルではない。では、金のバブルはどの地点ではじけるのか。ロスチャイルドと金融エリート集団でさえ、バブルの頂点を見極めないわけにはいかない。その時は多くの人々が「金はバブルではないか」と騒ぎだす時である。

バブルの頂点は必ず近未来にやってくる。その時まで金価格は上昇し続ける。2008〜09年にかけて1トロイオンス約1000ドルから1200ドルに上昇した。1年あたり約100ドルの上昇であった。この上昇率がそのまま進めば、2010年中に1300ドルを超える可能性がある。しかし、2010年に入り上昇率は鈍っている。それでもどこかの時点で金価格は高騰する可能性がある。ロスチャイルドと金融エリート集団がヘッジファンドにドルを注入する限り、金は上昇するからだ。

■——金《きん》バブル崩壊のシグナルは何か

米証券取引委員会（SEC）は大手ファンドに、3カ月ごとに運用資産の報告を義務づけている。2010年3月末の時点でSPDR《スパイダー》ゴールド・シェアへの投資残高はポールソン&カンパニーは98トン、ソロス・ファンド・マネジメントは17トン。これはたったの2例であるが、小さいヘッジファンドや、欧州やシンガポールの富裕層も資産を金ETFに投資している。SPDRゴールド・シェアが金ETFの8割のシェアを持つ。SPDRゴールド・シェアの残高は2010年5月末で1300トン（約5兆円）を超えた。前述したが、SPDRゴールド・シェアは金《きん》をロンドンの金庫に保管している。LBMSの現物市場から金を吸い上げている。2010年5月以降は、1日で10〜30トンに及ぶ金をLBMSから買う日もあった。前月の4

月に比べて150トン近くも買い増した。SPDRゴールド・シェアは証券発行時にその裏付けとなる金を購入しているからである。

ここにバブルが崩壊する日のスケジュールが見えてくる。投資用の金の総量は約2000トンである。いくらペーパー・ゴールドをLBMSがSPDRゴールド・シェアに上手に売っていこうとも矛盾点が見えてくる。SPDRゴールド・シェアは、ある時点で証券発行を終了しなければならない。

「日経マネー」誌（2008年9月号別冊付録）で、WGCのジェームズ・バートンCEOが「金の現物に信託権が設定され、地金の刻印番号まで特定して保管されるという徹底ぶりです」と語っている。バートンは「金ETFが地金の不足により終了する」と語っているような気がするのである。

この金のバブルは演出され続けていることが、SPDRゴールド・シェアを検討しただけで分かるのである。日に日を追って、金バブル崩壊の日は近づいている。

真実を書くならば、SPDRゴールド・シェアの金倉庫に積み上げられている金は偽物にちがいないのである。どうしてか？　LBMSにはほとんど金がないからである。SPDRゴールド・シェアにもし本当の金を売り続けたなら、他の機関に売る金は限りなくゼロになるからである。

はっきりと書くことにしよう。

金価格は上昇し続ける。そして1トロイオンス1300ドルまで上昇するかどうかの時点で、バブルははじけるのではないのか。それは、実物の金がなくなる日でもある。SPDRゴールド・シェアが証券の発行をしなくなる日である。金がないのにどうして金を裏付けする証券を発行できるのかと読者が疑った日から、読者は金バブルがはじける日を知ることができる。

今や、SPDRゴールド・シェアでさえ維持する金がないのに、LBMSもSPDRゴールド・シェアも、ニューヨークの金取引所もシンガポールの金取引所も、金を売り続けている。その取引高は年間20兆ドルをはるかに超えている。

一瞬たりとも早く見覚めて、金バブルの崩壊の時を想像すべきである。読者はまず、あなた自身がその時どのようになっているかを想像してみるがいいのである。

金ETFは金利や分配金などの定期的な収入がない。値上がりの益だけが収益となる。金価格が値下がりすれば、債券そのものがぶっとぶ。金の現物を要求しても、ブリオン・バンク経由で10億円以上の取引でないと応じてもらえない。円高になれば、投資家への支払い額も減る。

金価格は当面、どこまで上昇するのであろうか。

「エコノミスト・マネー」誌（「エコノミスト」2010年8月増刊）は「金投資の時代」を特集している。その中の「相場を読む・金はどこまで上がるのか」で3名の専門家が答えている。亀井幸一郎（前出）は「年内に1400ドル。長期は2200ドル」を予想する。江守哲（アストマックス運用部長）は「年内に2000ドル。長期で3000ドル」と予想している。以下に、柴田明男（丸紅経済研究所長）の見解を記すことにする。

NY金相場は昨年〔2009年〕10月以降、「金1000ドル時代」を迎えて、足元は1トロイオンス1265ドルの史上最高値を巡る攻防にある。高値警戒感があるが、むしろ相場は若く年内に1300ドルを突破しよう。金は中長期的にも上値余地が大きく、控えめに見ても3000ドルもあり得よう。

全世界のGDPは約60兆ドル。金が3000ドルに達するならば、60兆ドルをはるかに超えた取引高となる。このようなことが現実になるのだろうか。

■──金《きん》のバブルが崩壊する日が迫ってきた

「日本経済新聞」（2009年2月21日付）から引用する。「金《きん》の取引最高、1900兆円」の見出しがついている。

金融危機を背景に金の取引量が急増し、国際価格が1トロイオンス1000ドルに迫っている。ロンドンの国際金融サービス協会（IFSL）の推計によると2008年の全世界の金取引量は前年比58％増の20兆2千ドル（約1千9百兆円）と過去最高を更新した。昨年秋以降、主要通貨から安全資産として信用リスクのない金に資金を移す動きを加速した。投資家が広がり、個人による金貨・地金の買いも活発になっている。（中略）

ＩＦＳＬによると、世界の金取引は4分の3が相対《あいたい》で4分の1が取引所での売買。機関投資家などが大口で取引する相対取引を決済するロンドン貴金属市場協会（ＬＢＭＡ）の08年1～11月の金の決済額は1日平均2百億ドルと前年同期と比べ45％増えた。金融機関の破綻が続出した秋以降に取引量が急増した。

ニューヨーク、東京、ムンバイなどにある金の取引所売買は08年に5兆1千億ドルと前年比80％増えた。

金バブルが２００８年から始まったことをこの記事は伝えている。金市場が巨大なものであることもこの記事が教えてくれる。日本でも金バブルが発生しているのである。２００８年10月から11月にかけて、日本の金の輸入量は前年同期比で2・7倍の20・3トンに達している。なによりもこの記事は金のバブルが急激に巨大化していることを証明している。２００９年までに金ＥＴＦは約１４００トンに達している。金の09年度の総需要３３８６トンの4割を超える。この4割が、5割を超える日は近い。バブルが急激に進行しているので、5割から6割へとさらに進行していく。そして誰の眼にも金ＥＴＦの偽瞞《ぎまん》性が見えてくる。

金の総供給量は年々減少しているのである。根雪のように積もる金ETFの現物の裏付けである大手金融機関の地下金庫から、金の延べ棒が消える日は近いのである。金ETFの残高は2年前と比べて8割増加している。金額ベースでは約550億ドル（約5兆円）と、その額は小さい。しかし、2年前の2倍に膨らんでいる。毎日毎日、金ETFの残高は増えている。世界中の年金基金など、長期投資家たちも参加している。2010年も金バブルは膨脹し続けている。バブルがはじける日が近づいている。投資マネーによってドルや米国債とともに金が買われている。従来の金価格の上昇理由は2010年に入ると消えてしまった。SPDRゴールド・シェアの残高もバブル状態に増えている。2010年5月1日～12日の間だけでも、4月末時点よりも7％も残高を増やしている。

ここにきて金が「世界通貨」であると言われだした。ドル高ユーロ安と同時に、ドル建ての金価格が上昇している。金価格高騰の市場に流入する資金を投機では説明できないと私は書いてきた。2010年5月に入ると1トロイオンス1200ドル台を回復した。金ETFの残高が増え続けていることは、短期資金ではなく長期的な資金が流入していることを示している。普通のバブルは短期的な資金が動くのである。この金のバブルが特殊な演出により成り立っていることの証《あかし》がここにある。

2010年に入ると、ギリシャの財政危機が表面化し、通貨ユーロの危機へと発展した。この局面でも、金以外の商品には価格の上昇はなかった。多少の強弱はあるものの、金価格の上昇ぶりは異常である。多くの新聞や雑誌を読んでみて、私は一つの結論が定説のように出来上がっているのを発見するのである。

「ギリシャに端を発した財政不安は、実物資産の裏付けのない信用通貨全体の信認を揺るがし、金市場への資金流入を加速した」

私は2010年に入り、この定説がどこからかささやかれだしたものと思っている。どこから流れ出した定説なのか。それはロスチャイルドと金融エリート集団からに違いないのである。その理由はただ一つ、金バブルがいつかはじけた後に金は甦り、世界通貨になるようにストーリーが作られているということである。

間違いなく金バブルがはじけた後に、数年間、金価格は下降を続ける。そして底値をつく。その間に世界経済は縮小し、新しい恐慌が発生する。そして世界中の金が再びロスチャイルドと金融エリート集団の手に落ちる。これは1980年に金価格が1トロイオンス850ドルを超えた後に下降を続け、約20年間の低迷の後に上昇したのと同じパターンが取られるものと思われる。下落から上昇に向かうその過程は数年後であろう。

そして何が起こるのか。ロスチャイルドと金融エリート集団による金の独占である。そこで世界通貨・金の誕生となる。国家を超えた国家が、金により支配力を発揮する日がやってくるのである。その日の世界の姿は最終章で詳述することにしよう。

もう一度、亀井幸一郎（マーケット・ストラテジィ・インスティチュート代表）の文章を紹介したい。私が書いてきた金が「通貨代替」（または代替通貨）となってきたことに触れているからである。「週刊エコノミスト」（2010年6月29日号）より引用する。

ユーロにシフトしていた資金の一部が金市場に流れ込んだのである。キーワードを示すなら「無国籍通貨ゴールドの選択」ということになろう。

1971年のニクソン・ショック（金本位制の放棄）以降の歴史のなかで忘れられていた「通貨代替」としての金の性格が、少なくとも欧米市場では、再び意識されるようになったのである。

この亀井幸一郎の説明は納得しがたいものである。これはロスチャイルドと金融エリート集団が〃創作〃した説としか私には理解できないのである。

ギリシャ財政危機を演出したのはゴールドマン・サックスとポールソン&カンパニーの共同作戦によった。ロスチャイルドと金融エリート集団がこの二者を利用し、ギリシャ危機、そして欧州危機へと発展させたのである。そこで金価格を吊り上げて「無国籍通貨ゴールドの選択」を呼び出したのである。無国籍通貨ゴールドを誕生させるには、用意周到な準備が必要である。ロスチャイルドと金融エリート集団にとって、金に「通貨代替」の役割を期待する日が高まったということである。そのために金のバブル化を進めていると考えるほうが的を射た考察となろう。亀井幸一郎は、金価格が「２００９年12月3日に記録した１トロイオンス＝１２２７・50ドルを突破し、５カ月ぶりに史上最高値を更新。さらに高値を追って3日後の5月14日には１２４９・70ドルをつけ、いったん調整した後、６月８日には１２５４ドルと再び史上最高値を更新した」と書いている。そこで金が「通貨代替」として登場した、というのが亀井幸一郎の説である。

確かに亀井幸一郎が書いているように、金ＥＴＦの増勢は２０１０年5月に入り、さらに加速している。ＳＰＤＲ《スパイダー》ゴールド・シェアの資産残高は5月の１カ月で１０８トン強となっている。それはポールソン＆カンパニーがＳＰＤＲゴールド・シェアに参加して１８５トンを１カ月で増加した２００９年2月に次ぐものである。６月に入ってもこの増加は続いている。８日までの6営業日で約30トンの増加である。

この事実を前提として、亀井幸一郎は「この状況は何を意味するのか。それは今回、（金額の大きさという点で）意表を突くかたちでまとまった最大７５００億ユーロへの支援策への疑義だろう」と書くのである。そして「端的にいえば、カネの経済が肥大化して暴走した結果として生まれた混乱を、さらにカネを刷ってばら撒くことでしか解決できないシステムに対する不安である。これが管理通貨制度の下での市場経済の宿命であろう」と論を進めるのである。

この亀井幸一郎の説は彼だけの説ではない。ほとんどの経済学者の論じてやまぬ説であり、今や定説化しているのである。しかし、なぜユーロ危機が「安全資産」としての金を求める投資家の裾野を広げる出来事となったのかは十分に説明しえていないのである。

読者は、「6月に入っても増勢はやまず、8日までの6営業日で約30トンの増加が確認された」SPDRゴールド・シェアについて疑問を抱かなかったか。この調子で増え続ければ2009年度の増加と同じように、2010年度も間違いなく年間1200トンの金の増加となるのである。

この金はどこから仕入れることができるのかを考えたことがあるのか、と私は読者に問わなければならない。SPDRゴールド・シェア以外の金ETFもある。また金積み立てプランも無数に存在する。投資・投機用だけで金の供給量を大幅に上回っているのが偽らざる現状である。「カネを刷ってばら撒く」ことは可能であるが、「金を掘り出してばら撒く」ことは不可能なのである。亀井幸一郎や他の経済学者たちは「金は無尽蔵《むじんぞう》に有る」という前提に立って論を組み立てている。金の取引高が2008年度だけでも20兆ドルを超えているという現実を知らないで論を組み立てている。彼らは間違いなく、ロスチャイルドと金融エリート集団に洗脳されているのだ。

ここで亀井幸一郎の結論を読んでみよう。私は金価格は2000ドルを超えることなくバブルははじけると書いた。

また、ここにさらに2008年度以降の米国における通貨供給量の増加と金市場の規模拡大という観点から分析を加えるならば、妥当価格は6000ドル台に跳ね上がるという計算もできる。株式市場や為替市場では、理屈通りの相場展開にならないことのほうが多く、そうした相場背景を「理外の理」と説明したりする。それにならえば、実質価格の過去最高値である2200ドル以上も、また相場ということになるわけだ。

いずれにしても、金に対する投資家の認知は、始まったばかりといえる。バブルが考えられるとするなら、むしろここからではないか。

「実質価格の過去最高値」とは2008年1月当時のロンドンの高値850ドルをその後の物価上昇を加味して推計されたもので、2213ドルと計算された。この2213ドルを基準として金価格は上昇し続けて、6000ドルの大台に乗ると亀井幸一郎は書いている。「バブルが考えられるとするなら、むしろここからではないか」というのが彼の結論である。しかし、これには前提が必要である。「金市場の規模拡大という観点」である。妥当価格6000ドルが誕生する世界では、金の取引高が世界の総GDP（約60兆ドル＝5400兆円）を超える。それからバブルがやってくるのだという。想像するのさえ恐怖で心がおののくのである。

次にバークレイズ・キャピタルのケビン・ノリシュの金価格の予測記事を記すことにする。「日本経済新聞」（2010年2月25日付）からの引用である。タイトルは「金は2年後に1000

ドル割れ、原油上昇」。貴金属相場の記事のみを引用しよう。

貴金属相場は――「金は今年、平均で1トロイオンス1180ドルと予想している。予想外の世界情勢の変化がない限り、大幅な上昇を予測するのは難しい。11年は1010ドル、12年は910ドル、中長期的に弱含むとみている」

「米国は年末にかけて利上げに動くとみている。為替がドル高・ユーロ安に動き、金相場の弱材料となるだろう。金利上昇によって、金利の付かない金の魅力は薄れる」

ケビン・ノリシュの予測では、2010年の5～6月前後の1250ドルが最高値であり、それ以降は下落傾向が続くということになる。亀井幸一郎の説とは雲泥の差である。どちらの説が正しいのかを私は判断しない。いや、出来ないのである。だが、ノリシュがバークレイズ銀行の一員であることに注目したい。バークレイズ銀行はHSBCと並んで、ロスチャイルドと金融エリート集団が支配する最も重要な銀行である。ノリシュの予測が正しいとすれば、2010年が金バブルのピークということになる。2010年以降、金価格は下落することになる。私はバブルのピークは2011年、遅くとも2012年ではないかと推測するのであるが、確実な裏付けがあっての推測ではない。

だが、私には、以下の確信に近い推測はできる。金ETFは2、3年以内に終わりを迎えるということである。金ETFを支える金が消えるからである。金ETFが消える前に徴候が見られるはずである。ポールソン&カンパニーが金ETFから撤退する時に、金バブルの終わりを告げる鐘が鳴るはずである。その鐘を鳴らすのは間違いなくロスチャイルドと金融エリート集団である。決して投資家や年金ファンドではない。その時から世界はすっかり変化し続けるのである。そして金価格は低迷し、そしていつの日かまた上昇してくる。しかし、金そのものが魔性を身につけて世界を狂わすようになる。

「急げ！　心の準備にかかれ」という鐘の音は全世界に伝わるが、その鐘の音を耳にする人々はごく少数であるにちがいない。だからこそ、私は微力を振り絞って、その鐘を鳴らそうとしているのである。

「急げ！　心の準備にかかれ」

■――金価格はどこまで下がるのか

２０１０年に入ると、なんとも理解しがたいことがたくさん起きてきた。「日本経済新聞」（２０１０年7月10日付）の「欧州の銀行／金担保に外貨調達」という記事を読んで、「何だろう、何だろう」と、私は心の中で呟《つぶや》いたのである。読者はどのように思われるのだろうか。記事の全文を引用する。

「中央銀行の中央銀行」と呼ばれる国際決済銀行（ＢＩＳ、スイス・バーゼル）が突然３４６トン（約１兆２０００億円）の金《きん》を担保に欧州の銀行に融資したことが明らかになった。融資はギリシャ危機が表面化した今年１月から急増したため、資金繰り難の南欧の銀行が外貨調達のためＢＩＳに金の担保を差し入れたとみられている。

表面化したきっかけはＢＩＳが６月末に公表した年次報告書。１６３ページ目の金保有額の項目の「注記」に小さく記載したのに金市場関係者はめざとく気づいた。近年は実績ゼロだったうえ巨額だったため評判となった。

ＢＩＳが金を担保に融資した相手は「外貨が必要な欧州の民間銀行」（ＢＩＳ報道官）。国際統計で金担保融資が１月に急増していたため、「信用不安の南欧の銀行がドル資金調達のため金を担保に差し入れた」との見方が市場では有力だ。

民間銀行が自国中銀でなくＢＩＳにまで担保を入れて外貨を調達するのは異例で、その国全体の外貨調達が厳しいからとみられる。

融資期間は１年未満。借り手が返済できなければＢＩＳは担保の金を市場で売却するため、ＢＩＳによる金売却の憶測から７月初めに金相場は弱含んだ。

たしかに２０１０年７月１日、ニューヨーク市場では取引の中心である８月物の終値が前日比39・2ドル安の1トロイオンス1200・7ドルに急落している。若干のユーロ高が進行していたので「ユーロ売り・金買い」の投資家たちが手じまいをしたのは事実である。しかし、BISによる金売却の憶測は関係がないと思われる。この本は金を中心とするのでヨーロッパの金融危機については書かなかったが、ヨーロッパの危機が今や世界中に拡大している。この記事の中の南欧の民間銀行が倒産寸前にあったことは理解しえる。

私はこの記事を読み、2011年か、2012年にリーマン・ショック以上の大恐慌が来そうであると改めて思ったのである。

ギリシャから始まった金融危機はスペイン、ポルトガルへと拡大した。ブルガリア、ルーマニア、ポーランドも国家財政の赤字が増え続けている。この南欧の民間銀行と同じようなケースが増えてくるであろう。中央銀行が民間銀行を救えない状況下でBISが登場するというのは最悪のケースである。BISは「中央銀行の中の中央銀行」といわれているが、ロスチャイルドと金融エリート集団の巣窟である。ロシアがソ連であった当時、この国に金塊を入れてドルを与えていた銀行である。私はこの記事を読んで、世界は最悪の道をひたすら転げるように落ちていると痛感した。

もう一つ気になる外電を見つけて、私は「おや?」と思った。「ニューヨーク/ワシントン、2010年6月9日、ロイター電」に奇妙なことが書かれていたのである。要約する。

米連邦準備理事会（FRB）のバーナンキ議長が2010年6月9日、下院予算委員会に出席し、インフレに関する質問を受けて次のように答えたという。

「金価格が送っているシグナルは他の資産価格とは大きく異なる。これに対して原油や食糧などの商品価格はこのところ大幅に下落している。金は他の商品とは異なる動きをしている。金価格の動きはよくわからない。ただ、金融市場には現在かなりの不透明感と不安感が存在すると考える。現時点では金以外への投資はリスクが高く、先を見通すことが困難な状況で、金の保有がヘッジになると一部で考えられている」

バーナンキ議長は金の異常な値上がりの真の意味を知っている。FRBは他の中央銀行と金に関するスワップ協定を結んでいる。このことはバーナンキ議長は認めたが、内容の公表はできないとしている。GATA《ガータ》（金アンチ・トラスト委員会）はこのスワップ協定により、金価格の調整をしてきたと主張する。バーナンキ議長は金価格上昇を黙殺し続けている。だから彼は金価格の動きについて「不透明感と不安感が存在する」という曖昧《あいまい》な表現しかとれないのである。

「フューチャーズ24情報・マンスリーレポート」（2010年1月号）に「大手金融機関の金相場見通し」が掲載されている。この中の「英金融大手HSBC」の〝見通し〟について引用する。

ドル安と量的金融緩和政策を背景とした実物資産である貴金属への投資需要により、2010～2011年の金相場見通しを上方修正。金価格にとっては、インフレと通貨に対するヘッジ買いが最も重要な要因で、米国金融緩和政策と財政政策が先行きの支援材料となることが予想される。

２０１０年　今回予想　１１５０ドル
　　　　　　前回予想　９５０ドル
２０１１年　今回予想　９７５ドル
　　　　　　前回予想　８２５ドル

私はＨＳＢＣ（香港上海銀行）が金の価格を決定する最も重要な銀行であるとみているし、そのようにも書いてきた。

２０１１年の予想、「９７５ドル」に注目してほしい。２０１０年に比べて１７５ドル下がっている。ＨＳＢＣは２０１１年には金価格が下落すると予想している。この一点を見ても、ロスチャイルドと金融エリート集団が支配する銀行が、何を考えているのかが分かるのである。「金のバブルが崩壊する日が迫ってきた」と私は書いた。ＨＳＢＣが予想するように、その崩壊が始まる日は２０１１年、それもこの年の後半の可能性が高いのである。

それではどこまで金価格は下がるのか。その一例を挙げることにする。「フォーブス」誌（米国版、２００9年1月号）に、フォーブス社社長スティーブ・フォーブスが「資本主義が私たちを救う」を寄稿し、金価格に言及している。

それでは、取りあえず何をなすべきなのだろうか。まず「ドルの強化」だ。そのための基準は金価格で、例えば1オンス500~550ドルが望ましい。そしてFRBの任務を「ドルの安定と金融パニックへの対応」に限るべきだ。

アメリカ政府の内部に「PPT」という組織がある。詳細は不明であるが、為替相場や株式市場に介入して世界経済をコントロールしている。最近まで金価格が抑えられてきたのは、このPPTによるとされる。このPPTがHSBCと組んで芝居を打つ可能性がある。2011年の後半から金価格は下落していく可能性が高い。HSBCの予想のようにだ。

フォーブス社長の語るように、500ドルか、550ドルかは分からない。おそらく、HSBCが予想する975ドルまでは下がり、波乱の2012年を迎えることになりそうである。

■――ベトナムではすでに金《きん》のバブルがはじけた

次章で中国について述べるので、ここではインド、ベトナム、シンガポール、韓国の金《きん》の事情について書いておこう。

「ロイター」(2010年5月10日付)の記事を紹介する。タイトルは「モルガンはシンガポールのすべての人の金の保管を欲している」。記者はケベン・リン。

ＪＰモルガンは月曜日〔2010年5月10日〕に、２０１０年の第3四半期の間に、金と他の価値ある商品を商うのを容易にするために、アジアで初の貴金属金庫室を開設すると発表した。この金庫はこの地域の交換業務（上場インデックス投資信託）で安定した先物取引をするために利用されると、ＪＰモルガンは言う。

シンガポール取引所はデリバティブ商品の取引高を増やすべく、計画の一環として、最近、金売買に乗り出した。ユーロ地域でのデフォルトの恐れから投資家たちが貴金属にマネーを注入したので、スポットの金価格は高騰している。

この「ロイター」発の記事を読むと、ＪＰモルガンがシンガポールを拠点として金のバブルを煽っていく姿が見えてくる。それにしても、まず金庫室を建設するとはすごい話である。これは、ＪＰモルガンが金ＥＴＦを開設するにあたり、金ＥＴＦの債券を買う人々に金塊を見せる〝作戦〟なのである。だがこの金は間違いなく、タングステンにメッキしたゴールドに違いない。ロンドンから仕入れようにも、ロンドンの現物はペーパー・ゴールドなのだ。金ＥＴＦの創作者のＷＧＣが偽ゴールドを提供するのであろう。展示室をいつでも金ＥＴＦの債券の購入者に見せることになっている。アジアの人々は見ても触っても、偽物か本物か区別することができないのである。
シンガポール取引所（ＳＧＸ）が２０１０年３月に金先物を上場させた。金先物は、天然ゴムを上場しているＳＧＸで取り扱われる。この金先物取引所は、ＪＰモルガン・チェースとＳＧＸが組んで開設した。取引は米ドル建てである。アジアの金先物取引は、現時点では日本の東京工業品取引所が最大規模である。

インドのダウリー制度についてはすでに触れた。インドでは婚礼シーズンを控えた毎年４月から5月にかけて金の現物需要が旺盛となる。インドでは昔から金には「魔除け」の力があると信じられていた。財産として金を保管してきた。そこから金塊だけでなく金の宝飾品が大量に売られてきた。金ＥＴＦが発明され、投機目的での金の需要が増加するまでは、金の需要の最大手はインドの人々であった。
「経済ニュース」（２００9年4月22日）から引用する。

インドのボンベイ・ブリオン協会のハンディア会長は、４月の金輸入量は25～30トンに達するとの見通しを示した。また、インド金属鉱物貿易公団のバトラ専務理事は、同公団のみで9～10トン、インド全体で約30トンの輸入が行われる見通しを示している。インドの金輸入量は2月、３月と2カ月連続でゼロとなっていたが、婚礼シーズンに向けて高価格帯でも買い付けせざるを得ない状況となっている模様だ。特に、4月27日にはアクシャヤ・トリティーヤというヒンズー教の祭典が控えているが、この時期に金宝飾品を入手すると縁起が良いとされることもあって、金需要は盛り上がりつつある。

私はこの記事を読みつつ、金とはこのように使われるべきものであると思った。インドの人々は金価格が上昇し続けているので、金の買い入れを控えめにしなければならないのである。インドはSPDR《スパイダー》ゴールド・シェアの金の在庫を増やす役割を演じさせられている。インドの買い入れが増えると供給が逼迫《ひっぱく》する。そのときが金価格の上昇となり、金ETFの在庫が増えていくのである。

婚姻時に、婿側を満足させるだけの持参金を払わなければ、以降、継続的に「催促」され、「支払い」を要求されるという。要求に従わない場合、嫁は「いびられ」「いじめられ」、「体罰を与えられ」、場合によっては「殺害され」るという記事を読んだこともある。金価格が上昇することで利益を上げる人々がいる一方で、不幸に泣く人々もいるのである。

2007年時点で、インドの金需要は宝飾品の比率が7割に達していた。金価格が2008年から上昇していくにつれ投機用の需要が増えた。2009年に入ると宝飾品需要は5割となり、2010年に入ると投機用需要が宝飾品需要を抜いてしまった。

インド準備銀行（中央銀行）がIMFから金200トンを67億ドルで買い取ったことはすで

に書いた。これは１年間に採掘される金の総量の１割に近い。私はインド準備銀行は、この金をダウリー用に使うのではないかと思っている。インドでは持参金の金《きん》を婿側に十分に渡せなくて社会問題となっている。妊娠段階で女児とわかると、夫婦は将来を憂《うれ》えて中絶する、否、させるのである。あるいは出生後に殺害するのである。また、持参金を稼ぐために、臓器売買も行われている。インド政府は「結婚持参金禁止法」を制定して社会不安をなくそうとしている。しかし、ダウニー制度は消えそうにない。

ベトナムの金取引所が閉鎖されたことについて書くことにする。

ベトナム政府は２０１０年３月末に、国内20カ所すべての取引所を閉鎖した。その理由は２００６年から進めてきた金の市場が投資過熱を招いたためであるとした。投資需要では中国やインドと競うほどの規模であった。２００６年、市場の自由化とともに15の大手銀行、金関連企業、それに外国企業との間でヘッジ目的の金の証拠金取引が始まった。銀行は金の金融派生商品を顧客に販売するようになった。金の先物取引、金ＥＴＦなどにベトナムの人々が熱中するようになった。

ベトナム政府はベトナムの人々が金投資に熱狂する姿を見て、その政策の甘さに気がついた。自国通貨ドンへの不信感が根強いため、ベトナムの人々は金を買い続けた。この金ブームに眼をつけた欧米の資本も流入してきた。最盛期には１日の売買額は10億ドルを超え、株式市場の

10倍に膨らんだ。完全にバブル状態であった。２００８年の金の輸入量は上期だけで80トンに迫り、貿易赤字とドルの流出が続いた。インドは08年の金投資需要は約２００トン、09年は60トンであった。いかにベトナムの人々が金投資に熱中していたのかが分かるのである。日本は２００８年も09年も金の流出が続いている。日本は世界の中でも例外である。

２００８年6月、ベトナム政府は金の輸入を禁止しようとした。しかし、禁輸したがゆえに国内金価格は高騰し、密輸が増大した。そのため２００９年11月に金の輸入再開となった。しかし、また金のバブルが始まった。ついに２０１０年3月、私設取引所の閉鎖、大手銀行に認めていた証拠金取引を禁止した。

ベトナム政府は銀行に対し強制力を発揮しえるから強引に禁止したりできる。しかし、新興国の

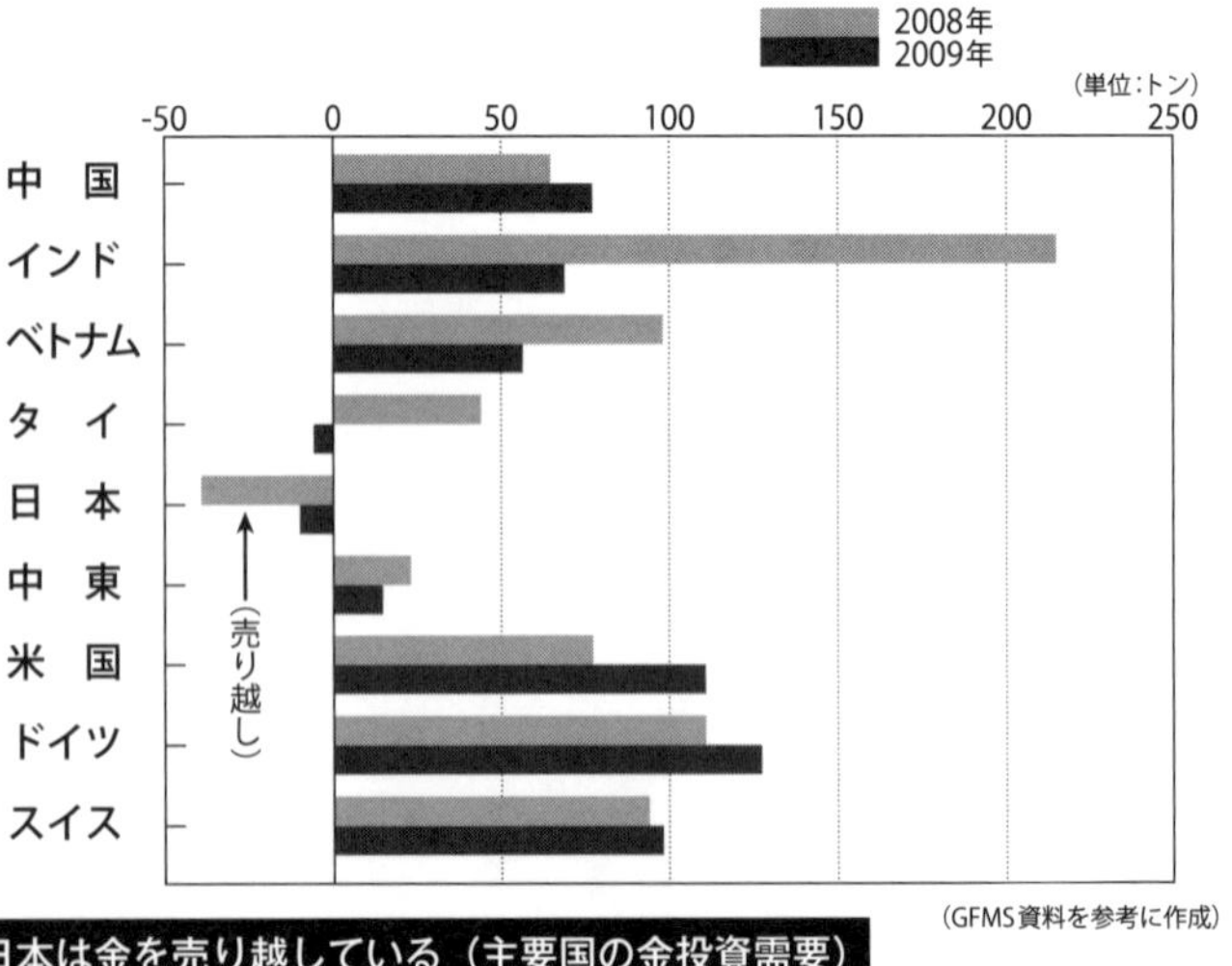

日本は金を売り越している（主要国の金投資需要）

中には外資が流入し、金バブルを煽ったためにインフレが進行中のところもある。日本はベトナムほどには金バブルが進行していないから実に呑気《のんき》にしている。しかし、金バブルがはじけたら日本も例外というわけにいかないのである。

主要な国（と地域）の金投資需要を表した前頁のグラフを見ていただきたい。インドは別にして、中国とベトナムで金のバブルが発生していることが分かるのである。

インドやベトナムは経済成長を続けてきた。リーマン・ショック後、世界的な金融緩和が続いた。溢れるマネーが資源・食糧価格を上昇させた。インドとベトナムは物価上昇が目立ってきた。そうしたなかで金が買われるようになった。金価格の上昇は財政赤字の増大とインフレをもたらしている。

韓国は民間の取引業者が相対《あいたい》売買をしている。品質規格や制度においても統一的なものはなく、価格形成の信頼度もない。韓国政府は2012年1月に金の現物市場を開設すると発表している。海外からの投資資金を呼び込み、北東アジアの取引拠点にする目論見である。私は韓国の人々はベトナムのように金のバブルに熱狂しなくてよかったと思っている。2012年には、金の現物取引所は韓国に誕生しないであろう。金のバブルがはじける年になるからである。

ＪＰモルガンがどうしてシンガポールに巨大な金庫室を設置し、金の事業に乗り出したのか。シンガポールに世界の富裕層の資産が集まっているからである。ベトナムの金のバブル以上のバブルがシンガポールを中心に発生する。欧州の富裕層の資産がユーロを捨ててドルとなり、シンガポールに流れている。JPモルガンはこの資産に狙いを定めている。

SPDR《スパイダー》ゴールド・シェアを生み出したのは、WGCの前CEOジェームズ・バートンであると、私はすでに書いた。このバートンはカルバース（カリフォルニア州職員退職年金基金）からWGCに迎えられたのである。カルバースは世界で最大の年金を持っているからである。ロスチャイルドと金融エリート集団はバートンを迎え入れて、金のバブルを煽る策を練った。その結果生まれたのがSPDRゴールド・シェアであった。

ここで金市場と金融市場が合体した。ついに世界中の富裕層の資金や年金が金ETFに流入しだした。シンガポールがアジアの金ETF、金の先物市場の拠点となっていくのは必然である。金に熱中するベトナムの人々も、シンガポールで金の取引に熱中していくのも必然である。中国の富裕層もシンガポールで金のバブルに熱中し始めている。私たちはロスチャイルドと金融エリート集団が理性と深い洞察力を持ってグランド・デザインを描き遂行しているシナリオを知るべき時が来ているのに、何らの行動も取っていない。

私は一つの物語を思い出したので記すことにする。

1997年12月8日のことだ。タイ政府は、国内大手銀行58行のうち56行を閉鎖すると発表した。タイの通貨バーツが急落した。1998年に入ると、韓国、マレーシア、インドネシアの通貨も下落した。ジョージ・ソロスを中心としたロスチャイルドと金融エリート集団が通貨下落を仕掛けたからであった。通貨だけではない。金も、銅も、アルミニウムも価格が下落した。それ以上に原油価格も下がり続けた。「有事の金」とは偽りであった。「有事のドル」が登場したのだ。アジア通貨危機はブラジルにも伝播《でんぱ》した。アメリカの国債の価値が急上昇し、新興国の国債は価値を失くした。

　タイのバーツが下落しかけていた1997年9月、香港で開かれた世界銀行総会でマレーシアの首相マハティール・モハマドは次のように演説した。

「グローバル化は諸悪の根元である。為替取引をする者は〝ばか者〟である。ジョージ・ソロスを見よ。こいつが〝ばか者〟なのだ。グローバル市場は猛獣の闊歩《かっぽ》するジャングルである。猛獣たちはユダヤの秘密結社に操られている……」

　私は、〝ユダヤの秘密結社〟という言葉は使わない。その代わりに〝ロスチャイルドと金融エリート集団〟という言葉を使っている。アジア通貨危機は「有事の金」から「有事のドル」への転換であった。そして今は「有事のドル」から「有事の金」へと再度転換した。アジア危機を再び演出するために、ロスチャイルドと金融エリート集団はシンガポールにJPモルガンを送り込んだというわけか。

ジェームズ・バートン

世界中にある金は総計約15万5000トンである。50メートルのプール3杯分だ。それなのに、JPモルガンは巨大な金庫室をシンガポールに設置した。この金はどこから来たのかを考えてみられよ。ドイツ製の偽ゴールドをWGCがJPモルガンに渡したと私は考えている。私の邪推であることを祈るのみである。

[第5章]

香港上海銀行《HSBC》が世界の金《きん》を支配する

香港上海銀行《HSBC》の金価格の操作

GATA《ガータ》について記すことにする。GATAとは「金アンチ・トラスト委員会（The Gold Anti Trust Action Committee）」のことである。

金価格が操作され、急騰・急落を繰り返すようになっている。その実情を暴き、反対するために1999年1月にビル・マーフィーを中心に創立された組織がGATAである。2010年の現在においても金価格の操作は続いているとGATAは主張する。

GATAの調査活動によってロンドンの金《きん》の取引所であるLBMSの不正行為が暴かれたし、COMEX《コメックス》の先物市場で何が行われているかが知られるようになったのである。私は拙著『金の値段の裏のウラ』の中で少しだけ、GATAのニュースレターを紹介した。この本の中ではGATAの資料を参考にしてきた。金に関する真実を知るうえで、GATAの記事はたいへん重要な示唆に富んでいるからだ。

さて、私はこの項のはじめにまず、HSBC（香港上海銀行）について書くことにする。HSBCについては前章の中で次のように書いた。「ニューヨーク証券取引所に金ETFが上場されているが、この現物（金地金《きんじがね》）を保管しているのは以下の銀行である。バークレイズ・キャピタル、HSBC、ドイツ銀行、スコシアア・モカッタ、ソシエテ・ジェネラル」。そして私は次のように付け加えた。「このすべての銀行は本当の金地金を持たず、ペーパー・ゴールドかタングステンに金メッキした偽ゴールドにちがいない。この点については後述する」とも書いた。ここで、偽ゴールドについて書くことにする。

GATAが発行するニュースレター（2010年3月1日）の「タングステンにメッキした偽ゴールドの最初のドキュメント」から引用する。

タングステンにメッキして造られた偽ゴールドについてはドイツのテレビによって報道された。信頼できるインターネット経済ニュース、ゼロ・ヘッジ《Zero・Hedge》がこの事実を明らかにした。報道によると、偽の金の延べ棒は、WGC（ワールド・ゴールド・カウンシル）の所有である。これを製造したドイツのハナウ金製造工場は世界最大手である。この種の報道は金市場を大きく揺るがすかもしれない。IMFは確かなところ少しの金も持っていない。いつもペーパー・ゴールドのみを売っているのだ。

私たちはこの記事で、偽ゴールドがドイツのハナウという製造工場で作られていることを知るのである。そして、WGCがこの偽ゴールドを所有するということは、WGCが作り上げた金ETFの「SPDR《スパイダー》ゴールド・シェア」のロンドンの金庫に積み上げられた金のバーが偽ゴールドの可能性があることを示唆するのである。私は前章で「(金ETFは）2010年6月に入っても増勢はやまず、8日までの6営業日で約30トンの増加が確認された」と書いた。1カ月に100トン以上の金を積み立てて、SPDRゴールド・シェアは金を証券化した債券を世界各地で売りまくっている。私はこの金がどこからやってくるのかと書いたのである。

この金庫に積み上げられた金塊がたとえ本物であれ、市場に出る金塊の量を超えるときは、金ETFは姿を消さなければならないと私は書いた。では偽ゴールドであったらどうであろう。本物であれ偽ゴールドであれ、金ETFの消滅は同じことである。

「日本経済新聞」(2010年1月20日付)の「巨大化する商品ETF」を引用する。

ロンドンにあるHSBC(香港上海銀行)の地下金庫には約12キログラム(4200万円相当)の金塊が次々と運び込まれる。金の上場投資信託(ETF)最大手の「SPDRゴールド・シェア」がETFの投資家向けに確保した金塊で、公開されている保有品の一覧表は約1600ページにまで増えた。

金ETFの「SPDRゴールド・シェア」がHSBCによって運営されていることがこの記事によって理解される。この「SPDRゴールド・シェア」を創立したのはWGCのジェームズ・バートンCEOである。WGCとHSBCはロスチャイルドと金融エリート集団によって支配されていることを知る必要がある。私は金を支配するのがロスチャイルドと金融エリート集団であると書いた。この項のはじめに、金ETFに加わっているブリオン（金地金）・バンクについて記した。あの銀行のすべてはロスチャイルドと金融エリート集団の支配下にある。金を語ることはロスチャイルドと金融エリート集団について語ることなのである。

「GATA」のニュースレター（2010年3月8日）から引用する。

COMEX上で巨大な操作のショート・ポジションを持つ2つの銀行とはJPモルガン・チェースとHSBCである。OTC（店頭取引）のデリバティブ市場でこの2行は大きな立場を保持している。（中略）2009年第1四半期のOTCデリバティブの報告では、JPモルガン・チェースとHSBCが1200億ドルに達する金と他の貴金属に関し米国の銀行のデリバティブの95％以上を持っている。この集中は金と銀の未来の市場の集中を引きおこす。また、COMEXの信用欠如をも引きおこしかねない。HSBCが金の上場インデックス投資信託（GLD）の管理人であることが、そしてJPモルガン・チェースが主として銀の上場インデックス投資信託（SLV）の管理人であることが、我々にとって不穏である。

HSBCがCOMEX（ニューヨークの金先物市場）においてショート・ポジション（空売り）の95％以上を持っている。金のデリバティブを演出するのはHSBCである。COMEX

で金価格を自由自在に上げたり下げたりして、HSBCは信じられないほどの利益を上げている。COMEXでは約2年分の金が1週間で取引されている。金が代替通貨であるというのは、偽ゴールドと同じように偽情報である。続けて読んでみよう。

GLD（金）とSLV（銀）の2つの上場インデックス投資信託の管理バンクが将来のデリバティブ市場で価格を落とすことに関心を持っている。このことを明らかにできないことは重大なる災害の前兆である。

金のバブルがいつの日かはじけると、私は書いてきた。ロスチャイルドと金融エリート集団がその鍵を握っていると書いてきた。右のGATAの記事はその可能性について教えている。HSBCが先物取引所の金価格を自在に操っているということは、金デリバティブを操作して金価格を一気に下げる力を持っているということでもある。HSBCは金ETFの「SPDRゴールド・シェア」を管理している。このことは、HSBCが、ロスチャイルドと金融エリート集団から世界の金の管理を委任された銀行であるということだ。

ここで、ロスチャイルドと金融エリート集団の、金を使っての世界支配の方法が見えてくる。実物の金と、実物でない金を使って世界を操作する方法である。実物の金は、スイスのUBSとクレディ・スイスが管理する。HSBCは、先物市場と金ETFを管理する。彼らはニューヨークに先物市場をつくり、金価格を自由自在に操ることを可能にした。しかし、COMEXだけでは金価格を上げるのには限度があった。そこで金ETFを創造し、実物の金塊を提示した。そこに彼らのドルが、ヘッジファンドを通して大量に流入した。この金ETFがロスチャイルドと金融エリート集団の自作自演の芝居であることを知らねばならない。

HSBCに与えられた〝任務〟とは何か。それは、ペーパー・ゴールドを最大限に使い（時には偽ゴールドを金庫室に大量に展示し）、20兆ドル（08年度）をはるかに超える金デリバティブ市場を創造することであった。そのために世界中のメディアを利用し、「有事のドル」から「有事の金」への情報操作を続けた。そしてここ数年、金は「代替通貨」であるとの言説がにわかに氾濫しだしたのである。

UBSとクレディ・スイスは実物の金を管理し、金鉱山からの金をほぼ独占し、金鉱山からの産出地金の量に沿って需要に対応している。このロスチャイルドと金融エリート集団の操作方法は、「正《せい》・反《はん》・合《ごう》」の方式である。資本主義と共産主義を同時に操って歴史を創造してきた方法である。ヘーゲル哲学の悪しき応用なのである。

HSBCは金価格を吊り上げるだけ吊り上げて、ズドンと落とすために動いている。UBSとクレディ・スイスは実物の金が精錬所の産むインゴッドの範囲内で需要に応じられるように動いている。この2銀行が、スイスの山中に秘匿されている金塊を売り出した形跡はまったくない。LBMAは金の実物をいくらでも提供しえると宣伝している。

ここまでくると、ＵＢＳ、クレディ・スイス、ＬＢＭＡ、そしてＨＳＢＣが同一の目的のために動いているのが見えてくる。

「金を支配する者が世界を支配する」

ロスチャイルドの最終目標は、金をもって世界を支配することである。ロスチャイルドと金融エリート集団は実と虚の両面から金操作の方法を発明したのである。世界中に溢れる金の99％は間違いなくペーパー・ゴールドである。虚が実を装っている。また、実が虚を装ってもいる。

「ＧＡＴＡ」ニュースレター（２０１０年1月28日）から引用する。

「ＪＰモルガン・チェースとＨＳＢＣが世界の年間の金生産高の10％と、年間銀の生産高の25％を取り扱っている」

ＨＳＢＣが主として金を売り、ＪＰモルガン・チェースが主として銀を売る。ＨＳＢＣの金の売買高10％は、金の相場を大きく左右する。また前述したように、ＨＳＢＣは金デリバティブ市場で絶大な支配力を持っている。その支配力を利用し、ＨＳＢＣはいつも金価格を下げることで利益を出してきた。「ＨＳＢＣはＣＯＭＥＸで操作可能なショート・ポジションを持っている」と、ＧＡＴＡのビル・マーフィー議長は語っている。

鉛を金に変えようとしたのは昔の錬金術師たちであった。ＬＢＭＡとＨＳＢＣの錬金術師たちは紙を金に変えるようになったのである。彼らはゴールドＩＯＵ（借用書）を発行し、ペーパー・ゴールドを売りつけている。

LBMAはすでに年間5万トンの金を売っている。25年間、四半世紀をかけても金鉱山から産出できるかどうか判明しえないほどの量の金である。HSBCもほぼ年間250万トン以上の金をデリバティブ市場で売っている。2008年に20兆ドルを超えた金の取引高は、間違いなく、2010年には30兆ドルを突破するであろう。

ロスチャイルドと金融エリート集団はいつの日か、金のバブルを崩壊させる。彼らはそのためにも全世界に影響力をもって崩壊させなければならない。HSBCが本社業務をロンドンから香港に移したのは、来るべき金のバブル崩壊にそなえてのスケジュールの一環である。HSBCの中国工作について書くべき時が到来したようである。


ではここで、あえて書く必要もないことを書いておきたい。「GATA」のニュースレターを読み続けて理解したことである。

GATAは「金価格が上昇したりするのは金の持つ価値によるので当然であるが、金価格が下降するのはすべて操作による」とする。FRBとアメリカ財務省、IMFが裏で暗躍するのだという。FRBは他の中央銀行と金に関するスワップ協定を結んでいるが、この協定の内容についてはFRBが公表を控えているとGATAは報道している。

私たち日本人は主として、新聞や経済誌から金価格の上昇・下降を「有事の金」とか「代替通貨の金」とかの解説を与えられて納得しようとする。私はロスチャイルドと金融エリート集団がＨＳＢＣ、ＵＢＳ、クレディ・スイス、ＪＰモルガン・チェース、それにＷＧＣ、ＬＢＭＳなどと工作し、金価格を完全に操作しているとみる。２０１０年に入り金価格が高騰を続けているのは、「そのように」金価格が操作されているからである。

ここでタングステンにメッキした金塊について書いておきたい。先にＧＡＴＡのニュースレター（２０１０年3月1日）の「タングステンにメッキした偽ゴールドの最初のドキュメント」を紹介した。原田武夫の『狙われた日華の金塊』（２０１０年、小学館）に「偽金塊事件」が書かれている。ジャーナリストのベンジャミン・フルフォードがインターネット上でこの事件を最初に公表したときは「まさか」と思ったのではあったが。

原田武夫はパキスタンの英字紙「パキスタン・デイリー」が報じた金を巡る異様な事実を伝えている。詳細は彼の本を読んでほしい。ここでは少しだけ紹介する。２００９年10月、中国はアメリカから対外決済のため、５６００本もの４００トロイオンスの金塊を船便で受け取った、という。この金塊が中身がタングステンであり金メッキを施したものであったという。インターネット「ロックウェイ・エクスプレス《Ｒｏｃｋｗａｙ・ＥＸＰＲＥＳＳ》」から引用する。

中国のクレームは、クリントン政権（ロバート・ルービン、アラン・グリーンスパン、ローレンス・サマーズ）の期間中に、１３０万から１４０万本の４００オンスのタングステンがアメリカの精錬所で製造された、というものだ。その重量は合計1万６０００トンになる。中国によれば、その内の64万本が金のメッキを施され、フォートノックスへ出荷され、そこでずっと保管されていたという。

中国は、残りのこの４００オンスのタングステンもゆくゆくは金のメッキを施され、国際市場で売られるようになる、と主張している。

金の世界市場は、文字通り、「塩漬けの４００オンスの延べ棒で埋まっている」と匿名の専門家は述べ、「世界の市場を破壊するに十分だ」と語った。

また次のようにも書かれている。「タングステンは金に比べれば安い、おそらく1ポンド30ドルくらいだ。それに比べて、現在金の価格は1オンス１２００ドルほどする。タングステンは小数点以下3桁まで金と同じ密度を持っている。従って、偽物かどうか調べるために穴を開けねばならないのだ。唯一の違いは、色だ。それにタングステンは金に比べてはるかに硬い。純金は柔らかく、指の爪で曲げられる」。ロンドンの金の取引所ＬＢＭＡが出荷する銀行間でやり取りされる金の延べ棒、「ロンドン・グッド・デリバリー・バー」は４００オンスの重さがある。タングステンに金メッキしたものもまったく同じ重さである。

金の偽物を発見できる方法はないのであろうか。「朝日新聞」（２００9年10月9日付）の記事を引用する。タイトルは「貴金属のリサイクル強化／田中貴金属、X線検査で買い取り」

田中貴金属工業は、貴金属のリサイクル事業を強化する。直営店のほか全国の特約店に、X線検査機器を貸し出し、店に持ち込まれた金、プラチナ、銀製の宝飾品や食器などを重さに応じ、その場で買い取る。

X線検査装置は独自開発したもので、不純物の量などを数分で測定できる。回収した貴金属は、同社の工場で不純物を取り除き、宝飾品や工業用金属として再利用する。

田中貴金属工業並みのX線検査装置を個人は持ちえない。この偽の金塊が金の展示室に飾られていたら、誰もが信用して（銀行を信用して）安心して預り書を有難くいただき、金を購入することになる。「この金庫に預けておけば安全です。いつでも金塊は差し上げますから」と言われれば、疑う人はいないであろう。こうして金は〝無限〟に産み出されてくるのである。

■——香港上海銀行《HSBC》は麻薬と金《きん》を支配する

香港上海銀行（HSBC）の歴史について簡単に記しておきたい。

HSBCの創立者はユダヤの商人デヴィッド・サッスーンである。厳密な意味では異なるが、その源をたどればこの男に行き着くからである。サッスーン財閥は18世紀に中東のメソポタミアに台頭したユダヤの富豪一族であった。デヴィッド・サッスーンは1832年にインドのボンベイに移住した。サッスーンはボンベイで中国にアヘンを輸出する仕事に従事する。1840年7月、アヘン戦争が勃発し、1842年、清朝は海賊帝国イギリスに敗北し、香港をイギリスの植民地とする敗戦条約に署名する。と同時に、上海などのいくつかの港を開いた。イギリス領事館を置くことにも清朝は同意させられた。こうしてサッスーン一族はインドから香港、上海へと本格的に進出した。

1864年、デヴィッド・サッスーンがこの世を去り、その年に息子のアーサー・サッスーンがリーダーとなって「香港上海銀行（HSBC）」が設立された。サッスーン家はこの銀行の最大株主となり、東洋貿易を支配していった。この銀行が実質的な中央銀行となり、紙幣も発行した。中国の公債発行を引き受けたのである。やがてロスチャイルド家とサッスーン家は複雑な婚姻を通じて血族となっていく。ウィンザー公とシンプソン夫人の〝世紀の恋〟を仕組んだのもこの両家であった。サッスーン一族は今日でもロスチャイルドとエリート集団の中枢に位置する。HSBCはロスチャイルドとサッスーン一族によって支配されているが、その体制は今日もアヘン戦争当時と同じである。

共産中国が中国本土を支配したが、香港では李嘉誠《リカシン》と包玉剛《パオユイカン》の香港財閥がHSBCと深く結びついていた。李嘉誠の財閥は「長江実業」を創立し海運業に進出した。包玉剛は「恆生《ハンセン》銀行」

を中心に金融財閥を拡大していった。

香港が中国に返還された現在でも、李と包の2大財閥はいずれも、HSBCの最高幹部である。この銀行を中心に香港経済は動いている。そして、この巨大銀行を本当に支配しているのはロスチャイルドである。より厳密にいえば、ロスチャイルドと金融エリート集団である。このHSBCなくして共産中国は存在しえないことをこれから書いていく。

東インド会社のもう一つの後継者に貿易商社ジャーディン・マセソンがある。この商社はロスチャイルド、ベアリング、ギネスの各財閥とともにジャーディン・グループを形成する。この一族（ケスウィック一族）は南アフリカでデビアスとアングロ・アメリカンの鉱山経営にも参加している。HSBCの大株主としても登場する。ケスウィック財閥は香港株式市場を操作《コントロール》している。香港株式市場の操作後に世界株式市場が大きな影響を受けるのである。

香港はタックス・ヘヴンの地でもある。熱銭（ブラック・マネー）がケスウィック財閥により香港株式市場に入ることで株価が動き、日本の株価、そしてニューヨークの株式市場に影響を与えている。HSBCがCOMEXのデリバティブ市場におけるショート・ポジション（短期空売り）の95%を持っているように、ケスウィックを中心とするロスチャイルドと金融エリート集団が香港株式市場を通じて株式市場を動かしている。金価格も株価も操作されて決まっているのである。世界情勢とかアメリカの失業率とかで決まるものではない。そのような要素はほんの一時的な原因にすぎない。

「HSBCインターグレイテッド・ウェブサイト」の中で「HSBCは『最も倫理的な企業』に選出されました」と自己PRしている。以下、引用する。

２００９年１月20日、HSBCはジュネーブに拠点を置く調査コンサルティング会社のコヴァレンスが実施した、18業種・５００以上の多国籍企業を対象とした調査において、最も倫理的な企業に選ばれました。

ウェブサイトには「HSBC香港用語集」という項目がある。この中でHSBCは「オフショア・バンクとオンショア・バンクの違い」について解説している。そして「実は、OECD（経済開発協力機構）の基準からいえば、厳密には、香港・シンガポールはこの基準を満たしていませんが、すべての金融所得に非課税の特典が与えられているので、私たちから見ればタックス・ヘヴンと実質的に同じです」と書いている。オフショアの魅力を説いて、HSBCとの取引を勧めているのだ。

２００４年11月、米中央情報局（CIA）はHSBCがヨルダンのアンマン支店でマネーロンダリングを行っているとの報告書を公表した。しかし、HSBCはこれを全面否定した。HSBCはヨーロッパとアジア太平洋地域を中心に活動しているが、アメリカ国内にも支店網を築き、世界76カ国に約１万の支店網を持ち、世界でも例のない、ほぼ全世界でリテールおよび法人向け営業を行う銀行として君臨している。米経済誌「フォーブス」の「世界有力企業2000社番付（08年度版）」では第1位を獲得している。

前述した「HSBC香港用語集」の中で、HSBCは金儲けのテクニックを伝授している。

簡単に説明すると、あなたがマネーロンダリングや麻薬の密輸等に関連していたと証明されない限り、個人情報が政府機関や税務局に漏れることは考えにくいということです。例えば、国内にある財産は海外の会社（IBC）やトラストの名前で保有することもできます。このような方法を利用することで、個人および法人の資産を守ることが可能になります。

オフショアを利用し資産を保護するにはたくさんの方法があります。

オフショアを利用する方法について詳しく書いている。HSBCのオフショア・ファンドに「自分の資産の一部を託し、運用してもらうことが可能になり、安定した高利回りを実現することも可能になるわけです」とも書かれている。

CIAがHSBCをマネーロンダリングで告発するのは矛盾この上もないことである。CIAが国際麻薬市場の流通に関わり、HSBCがマネーロンダリングしているのである。

ミャンマーの奥地に広がる「黄金の三角地帯」でアヘンを購入するためのゴールドを提供す

るのもＨＳＢＣである。生《なま》アヘンをＣＩＡとともにヘロインにし、世界に流通させるために、ＨＳＢＣの支店網が動くのである。ペーパーゴールドのみならず、リアルのゴールドを世界中に動かしているのもＨＳＢＣである。

麻薬は５０００億ドル（約45兆円）にのぼる売上げを誇る。石油に次ぐ世界第２の国際貿易品である。それでも取引高20兆ドル（約１８００兆円）を超える黄金には及ばない。しかし、読者は金と麻薬が深く結びついていることを知らねばならない。麻薬の取引のかなりの部分は金を介して行われているからである。

アヘン資金はタイのバンコク銀行と、香港にある約３５０の金融会社により提供される。アヘン資金は金とドルが中心である。これらの銀行に資金を供給する元締めがＨＳＢＣなのである。ロスチャイルドと金融エリート集団は「ロンドン委員会」を形成する。ＨＳＢＣはこの支配下にあり、重役のうち２人はイギリス国防省（かつての経済戦争省）から送り込まれる。残りの人々はすべて、ＲＩＩＡ（王立国際問題研究所）と結びついている。私がロスチャイルドと金融エリート集団と書いてきたが、その代表例がＨＳＢＣである。

１９８４年３月にアメリカ上院常設調査小委員会が「犯罪と秘密行為・海外銀行企業の利用」という報告書を提出した。ロンドンのシティにある銀行がいかに麻薬マネーにからんでいるかを証明している。ロンドン・シティこそは世界の魔窟《まくつ》の中の魔窟である。

ＨＳＢＣ（香港）の概要を記す。

［1］イギリスの植民地であった香港が1997年に中華人民共和国に移譲、返還されることに先駆け、1991年にロンドンに金融持ち株会社HSBCホールディングスを設立し、イギリス法人となる。

［2］香港セントラル地区に香港本部ビルを有している。恒生銀行を傘下に持ち、約130の支店やミニ店舗を展開する。

［3］1955年、上海のバンド地区にあった香港上海銀行を中国共産党政権に引き渡した。このビルは現在、上海浦東《ほとう》発展銀行本社となっている。現在は上海の浦東新区陸家嘴《りくかし》金融貿易区に香港上海銀行（本部）がある。

［4］上海、広州、北京、天津、大連、青島、蘇州、武漢、アモイ、深圳に支店、成都、重慶に代表事務所を展開する。

2009年9月25日、HSBCの最高経営責任者（CEO）のマイケル・ゲーカンが事務所を香港に移すとの発表があった。しかし、持ち株会社HSBCホールディングスはロンドンに残る。成長性の高いアジア市場を重視することが狙いである。アジア市場で稼ぐ利益（2009年1－6月期）が欧米の1・5倍に達していたからである。

HSBCは共産中国にどうして狙いを定めたのかを追求するとき、HSBCが金バブルを崩壊させるシナリオが見えてくるのである。

次の項でHSBCと共産中国との関係について書くことにする。HSBCの資産はどれだけあるのか判明しない。HSBCは無借金であると発表している。ロスチャイルドの子会社のフィデリティ・インベストメンツでさえ、1兆5000億ドルを超える資産を持つ。「日本経済新聞」（2010年7月14日付）によると、2010年6月末の時価総額（株式数×株価）で、HSBCは世界第13位で1602億ドルである。しかし、HSBCはこの時価総額だけでは判断できない。フィデリティよりも大きな資産を有することは間違いのないところである。

■――人民元と香港ドルは一体化している

香港ドルの発行銀行はHSBCと中国銀行、そしてスタンダード・チャータード銀行（SCB）である。SCBは1969年、イギリスの海外銀行であるスタンダート・バンク・オブ・サウスアフリカ（英領南アフリカ・スタンダード銀行）と、チャータード・バンク・オブ・インディア・オーストラリア・アンド・チャイナ（インド・オーストラリア・中国チャータード銀行）との合併により設立された。

スタンダード銀行は南アフリカに1862年に設立され、1890年代から1910年にかけてアフリカ全土に支店網を広げた。1950年代半ばにはアフリカに約600の拠点を持っていた。簡単に書くならば、南アフリカの金《きん》とダイヤモンドを取り扱う銀行であった。

チャータード銀行はその名のごとく「特許状交付」という名に基づき、ビクトリア女王のジェームズ・ウィルソンへの特許状交付により、1858年、インドのカルカッタとボンベイに設立された。植民地インドの支配のための銀行である。1858年、インドでの銀行開設後、上海にも進出。その翌年には香港に支店を出した。1862年以降、香港での紙幣発行銀行となる。HSBCとともに世界中の主要都市に支店網を広げてきた。スタンダード銀行が南アフリカを中心に発展したのに対し、チャータード銀行はインド、香港、上海を中心に発展し、1969年の合併により世界的な規模の銀行となった。HSBC、シティグループ、バンク・オブ・アメリカ、バークレイズ、ロイヤル・バンク・オブ・スコットランド（RBS）とともに巨大銀行に数えられている。

このSCBとHSBC、そして中国銀行とが、香港で香港金融管理局（HKMA）の主銀行となっている。HKMAは香港の中央銀行にあたる。

私たち日本人がSCBの名を知るようになったのは2004年2月20日、SCB東京支店が、指定暴力団山口組・旧五菱会系のヤミ金融グループによるマネーロンダリング事件で、最低1年間の業務の一部停止を含む行政処分を受けたからである。

SCBは世界中の銀行を買収して巨大化し続けている。1990年以降、ベトナム、カンボジア、タンザニア、ミャンマーに進出し、金鉱山を中心に鉄、銅、石油、ウランなどの鉱物資源への投資を進めてきた。SCBはHSBCと歩調を合わせている。特に注目したいのは、2007年に、パキスタン・ユニオン銀行の81％の株式を取得し、パキスタン経由のヘロインの流通網で巨大なマネーの洗浄《ロンダリング》をしていることである。2008年に、アメリカン・エクスプレス銀行（クレジットカードのアメリカン・エクスプレスの銀行部門）を買収統合し、アフガニスタンのヘロインによる世界中のブラックマネーを管理し、ロンダリングしていることである。

HSBCとSCBが香港を舞台に、共産中国と東南アジアを実質的に支配下においていることを知る必要がある。この両銀行はロスチャイルドと金融エリート集団の支配下にあることも同時に知らないといけない。

私はこのロスチャイルドと金融エリート集団が「ロンドン委員会」のメンバーであり、彼らのほとんどすべてがRIIA（王立国際問題研究所）とつながっていると書いた。この研究所は王立の名が示すごとく、英国王室の支配下にある。英国王室はイギリスという国家を表向きは支配しているが、イギリスという国家を超えて、ロスチャイルドと金融エリート集団と深く結びつき、全世界に統一政府をつくるべく動いている。

香港とは何かを考えるとき、共産中国の一部と考えては真相が何も見えてこない。第2次世界大戦が終わった後、蔣介石の国民政府と中国共産党が内戦になった。1949年の中国共産党政権誕生の後、イギリス政府はこの国をすぐに承認する。翌年の1950年に、朝鮮戦争が始まると、アメリカ軍の情報を共産中国に流し続けたのである。それだけではない。HSBC

もＳＣＢも人民元を香港ドルに替えてやり、共産中国は闇ルートで香港ドルを国際通貨のドルに替えて、そのマネーで武器や食糧を、香港ルートでアメリカから購入していたのである。人民元の決裁は何でなされたのか。ヘロインをＨＳＢＣとＳＣＢが受け取り、世界ルートに乗せるのであった。

朝鮮戦争の後にベトナム戦争が始まった。中国はヘロインの大量生産に入った。ＨＳＢＣとＳＣＢのヘロイン・ルートは拡大した。共産中国と蒋介石の国民政府は闇ルートで深く結びついて黄金の三角地帯に進出し、ヘロインを大量生産した。アヘンを購入するために大量の金塊を必要とした。ＨＳＢＣとＳＣＢはスイスのＵＢＳとクレディ・スイスのルートで香港に金塊を入れ、共産中国と国民政府に渡した。アヘン生産業者が金塊を要求したからである。生《なま》アヘンが黄金の三角地帯に量産される頃、大量の金がクレディ・スイスの船で香港に運ばれた。金《きん》と麻薬は深く結びついている。今日でも、パキスタンにあるＳＣＢの支配するパキスタン・ユニオン銀行が金と麻薬の闇事業で大きな利益を上げ続けている。ＨＳＢＣがＳＣＢと組んでマネーロンダリングをしている。共産中国はＨＳＢＣとＳＣＢにより、このダーティーな仕事に協力して巨大な利益を上げている。

このダーティーな仕事の最大の協力者は米中央情報局（ＣＩＡ）である。ＣＩＡの要員がアメリカ本国に次いで多いのが香港であることが、ＣＩＡが何をしているかの証《あかし》となる。共産中国とＣＩＡは一体となって行動している。このことはＣＩＡと共産中国を実質的に支配しているのが香港のHSBCとSCBを配下に置くロスチャイルドと金融エリート集団のロンドン委員会であり、RIIA（王立国際問題研究所）であることを知れば、納得できるのである。このRIIAの下部機関がアメリカの外交問題評議会（CFR）であり、このCFRからアメリカ政府の主要メンバーが選ばれることを知らなければならない。

香港は二つの顔を持っている。一つは共産中国としての顔であり、もう一つはRIIAという超国家の属国としての顔である。スイスが、スイスという国家の顔を持つと同時に、ロスチャイルドと金融エリート集団が支配するという二つの顔を持っているように。

スイスと香港は人口と領土という面からみれば小国である。しかし、スイス・フランは唯一、金に裏付けされている通貨であり、世界最高の権威があるものとされている。ギリシャ危機でユーロの価値が下がっているが、スイス・フランの価値は逆に上がっている。一方、香港は香港ドルを持っている。この香港ドルも2008年9月のリーマン・ショックのときにほんの一時的に揺らいだが、以降はその価値は逆に上昇している。香港ドルについて書くことにする。共産中国はどんな国かが見えてくるはずである。

香港ドルの発行銀行はHSBC、SCB、そして中国銀行である。この3行が香港の中央銀行にあたる香港金融管理局

HSBCの香港タワービル

（HKMA）を実質的に支配している。HSBCとSCBが政策協議を行い、香港ドルを印刷しているということである。

香港ドルの為替《かわせ》政策は、香港ドルと米ドルを1米ドル＝7・8香港ドルを中心とする小幅な範囲で連動させている。HSBCとSCBは香港ドルの量（マネタリー・ベース）を、米ドル建て外貨準備の量に連動させている。このことは、香港ドル売り介入をし、米ドル買いをすることにより、対米ドル為替レートを安定させているということを意味する。

もう少し簡単に表現するならば、HSBCとSCBというロンドンに本拠地を置く世界銀行グループの2行は、国家という立場に立って香港ドルを印刷し、自由に米ドルを得ているということになる。アメリカは、香港という一都市で香港ドルを売り、米ドルを買っている香港金融管理局に、文句のひとつも言ったことがないのである。

香港は、HSBCが自己PRの宣伝文で書いているようにタックス・ヘヴンであると同時に、独立国家以上の独立国家である。たしかに1997年7月、中華人民共和国への香港返還、移譲はなされた。しかも、イギリスは香港の宗主国でなくなり、中国にすべての権限が完全に移ると思われていた。香港を本拠地としていたHSBCは、1992年に当時イギリス最大といわれたミッドランド銀行を買収し、ロンドンにHSBCホールディングスを設立し、登記上の本拠地をロンドンに移動し、イギリス法人となっていく。しかし、ロスチャイルドと金融エリート集団はHSBCの実質的本拠地を香港に置き、SCBとともに中国銀行（香港）をつくり、香港金融管理局（ＨＫＭＡ）を創設し、これを中国に認めさせた。

ＨＫＭＡの狙いは何か。それは「国際決済システムの再構築」である。ＨＳＢＣは人民元を国際通貨にするために数々の手を打ってきた。香港は将来、人民元を国際通貨にすべく動いている。香港はアメリカよりも中国の影響をより強く受けるようになっている。人民元を国際通貨にする動きの中で、米ドル連動を維持することによるメリットが低下しているということである。人民元が国際通貨として使われるということは、香港ドルが米ドルの代替物として使えるということでもある。それは米ドルの価値の下落を意味する。アメリカ経済の影響力が低下していくことになる。

香港ドルと人民元は表裏一体である。香港ドルを通じて人民元が国際決済システムを持つようになった。香港ドルは米ドルにほぼ固定レートで置き換えられる。共産中国は人民元を香港ドルに交換できる。これは何を意味するのか。人民元は米ドルに交換できるということである。ＨＳＢＣは２０１２年までに人民元の国際通貨化を完成させると発表している。「人民元建て決済の規模は２０１２年に年間２兆ドルに達する」とＨＳＢＣは言及している。香港ドルを発行し、支配し、コントロールしているのはＨＳＢＣである。

中国政府は外貨が不足すると、人民元を発行して香港ドルに替え、その香港ドルを売って米ドルを獲得して経済を拡大してきた。外国の企業は人民元を獲得して中国本土で事業を拡大する。それらの仲介をＨＳＢＣが一手に引き受けてきたのである。中国が今日のような経済大国になったのは、ＨＳＢＣとこの巨大銀行を操るロスチャイルドと金融エリート集団の行動ゆえである。

話を戻すことにしよう。

中国の人民元を米ドルに代わる国際通貨にするには、米ドルにはない強力な〝武器〟が必要となる。それは「金に裏付けられた人民元」の誕生となる。

ロスチャイルドと金融エリート集団はニクソン大統領を脅して、１９７１年に金本位制を廃止させた。それは翌72年2月の訪中を発表した翌日であった。ニクソン訪中はアメリカにとって屈辱的な「朝貢外交《ちょうこう》」であった。金本位制廃止と米中復交は同一線上の出来事である。アメリカのドルが中国に大量に流入しだすのである。ＨＳＢＣが人民元を香港ドルに交換してやり、共産中国がそれを米ドルに交換したからである。ＨＳＢＣは人民元を入手し中国を支配していくことになる。

アメリカは金を失い続け、ドルの価値を下げ続ける。そして中国がアメリカの代わりに人民元を金に裏付けし（部分的金本位制であれ）、覇権を目指すことになる。ＨＳＢＣは中国が金を大量に獲得するように動いている。

中国という国家とは何なのか。ゴールドマン・サックスとＨＳＢＣの対中国政策から検討してみよう。金バブルの崩壊との関係が見えてくるはずである。

■――香港上海銀行《HSBC》は香港にゴールドを集中させている

２００９年に入ってから、ＨＳＢＣとＳＣＢの中国との関係はさらに深まっていった。ＨＳＢＣと香港の有力銀行である東亜銀行が5月下旬、上海にある中国本土法人を通じて、香港市場で人民元建て債券を発行する認可を受けた。6月に入ると、ＳＣＢ（中国法人、上海）が人民元建てでの債券を中国本土で発行することになった。中国では5月に上海市での外資による人民元建て債券発行が解禁されたばかりであった。7月に入ると、中国政府は外国企業による中国市場での株式上場を容認することになった。ＨＳＢＣが上海証券取引所への上場を計画すると発表した。２００９年１～5月の外資の対中直接投資は３４０億ドルと、前年同期比20％減少した。上海市は２０２０年を目処に、国際金融センターとしての地位の獲得を目指している。ＨＳＢＣが全面的に協力することにしている。

この２００９年の8月、ＨＳＢＣ、ＳＣＢ、アメリカのシティグループに中国政府は、農村部を中心に3年間で１１００社前後の小規模金融機関の設立を認可した。２０１０年に入り、農村では住宅を購入した数百万の人々がローンを支払えず家を捨てている。

中国は外資に助けられて成長してきた。現在世界最大の預金額を誇る中国工商銀行は２００6年10月、香港と上海市場への同時上場で２２０億ドルの資金を調達した。この上場のために中国政府に協力したのがゴールドマン・サックスであった。中国工商銀行の主要株主はゴールドマン・サックス、アメリカン・エキスプレス（SCBが支配する）、アリアンツ（ドイツ保険会社）であった。高収益の証券取引や新規公開株（IPO）の引き受けが可能な合併証券会社の設立を最初に認められたのはゴールドマン・サックスとUBSであった。

「大紀元時報」（2010年6月10日号）から引用する。「中国は債務大国／財政収入の2・6倍」のタイトルがついている。

欧州の主権債務危機が拡大し、世界経済が二番底に陥る懸念が強まる中、米金融大手のゴールドマン・サックスは、中国政府の負債総額（09年末時点）は同年の対国内総生産（GDP）比で48％に達しており、中国は債務大国だと警告した。

5月13日付の中国国内紙「国際金融報」によると、ゴールドマン・サックスが発表した最新研究レポートでは、09年末時点で中国政府の総負債額は15・7兆元（約211兆1650億円）に達し、同年GDPの48％を占めていると指摘。中国の年間財政収入の6兆元と比べ、負債総額はその2・62倍だ。（中略）

ゴールドマン・サックスは、中国地方政府の財政収入の増長ペースは債務の増加ペースに及ばないことから、今後地方政府の負債急増リスクが非常に高く、90年代末に地方政府の債務増加で中国各銀行の資産の質を悪化させた結果、不良債権が急増したという最悪のケースが再び起きる恐れがある、との懸念を示した。

ゴールドマン・サックスの指摘は正しい。

２００９年６月１日、ゴールドマン・サックスは中国工商銀行の株式を売却した。この売却により、19億２０００万ドルを調達した。また、ゴールドマン・サックスはほぼ同時期に、超高級賃貸住宅街区の「上海ガーデンプラザ」を売却し、不動産市場からも撤退した。

中国は財政収入が少なく、財政赤字は巨額である。それでも生き続けていられるのはＨＳＢＣを中心にロスチャイルドと金融エリート集団が中国を支え続けているからである。

「ウォールストリート・ジャーナル」（２０１０年４月10日付）から引用する。

ＨＳＢＣホールディングス社のＰＬＣリチャード・ヨーク（ＨＳＢＣ中国の最高責任者）は、「ＨＳＢＣは中国経済の早期の経済成長のために資本を投資している。そしてまた中国政府主導のキャンペーンも地方のビジネスを拡大するために、地方の投資情報サービスを拡大することを目指している」と発言した。また、「ＨＳＢＣは２００６年中頃、30年足らずのうちに中国の23の都市全域で99の営業拠点を持つにいたった」とリチャード・ヨークが海南島での政府と財界の年次フォーラムで語った。

リチャード・ヨークは、「昨年に3つの支店を含む19の営業拠点を開いた。HSBCのために、多くの営業拠点を拡大していく。このことは中国の多国籍企業が海外に拡大していくのにも役に立つ」とも語っている。

HSBCは農村部でその存在を強化している。13億の人口の3分の2を顧客にすることを目標に掲げている。資金が不足している農村の人々に、資金を大きく提供し続けている。

HSBCは2007年8月から7つの独立型の地方銀行（支店）を作った。ヨークは「来たるべき年にHSBCの地方銀行の事業を拡大するために、中国が今の経済成長率を維持することを望む」と語っている。「来るべき年」とはいつなのかについて、ヨークは黙して語らない。

HSBCは中国の地方を支配し続けている。北京の共産党指導者たちはHSBCに地方の財政を一任している。地方での金融セクターはHSBCの支配・管理下に入っている。上海証券取引所においてもその主役はHSBCである。数々の中国企業の株式も獲得し続けている。クレジットカード事業にも進出しようと準備を進めてきた。そしてHSBCは中国交通銀行（HSBCが株式の20％を持つ）と共同で2000万以上の共同ブランド・クレジットカードを発行するにいたった。HSBCの中国での金融支配は2010年に入り、ますます強化されているのだ。

HSBCは中国を借金漬けにした。これは、債務通貨に仕上げた人民元を目の前にして、人民元を超えた人民元をHSBCが獲得したことを意味する。

次に「ロイター」（2010年1月31日）に出た「HSBCは中国銀行入札を考慮する」から引用する。出所は「ニューヨーク・タイムズ・ビジネス」からである。

ロンドン（ロイター）／英国の銀行HSBCは他の銀行が撤退する中で、投資を中国で増やす立場を強化しようと考えている。ザ・テレグラフ紙が伝えるところによると、HSBC（ヨーロッパで最も大手の銀行）は中国大手の3大銀行、中国工商銀行、中国銀行、中国建設銀行の一つに最大の出資をしたいと望んでいる。

中国は外国銀行による出資を20％までに制限しているが、この現行ルールを緩和し、HSBCの投資を受け入れることを期待している。中国交通銀行の売却と同じことが起きることを期待している。HSBCのグローバル戦略トップであるアントニオ・シモスは最高責任者マイク・ジョージに加わるべく、可能なかぎりの投資をするためにロンドンから香港に移った。HSBCはコメントを拒否した。

中国の巨大銀行はすべて巨大な赤字を出している。その赤字を埋めるためにHSBCの援助を受けている。また、資本増強も迫られ、中国建設銀行は750億元、中国工商銀行は250億元、中国農業銀行は2000億元、交通銀行は420億元、中国銀行は400億元をそれぞれ資金調達すると発表した。5行による資金調達額の総計は3820億元（約5兆3000億円。２０１０年4月30日現在）と巨額である。

これらの資金調達にＨＳＢＣがすべて関わっている。この３８２０億元は上海市場の時価総額の２％に相当する。各行は転換社債に切り替えたり、上海、香港の両市場で資金調達している。ＨＳＢＣがこの両市場で５大銀行に協力している。この５大銀行をＨＳＢＣが自在にコントロールし、中国政府に諸々の圧力をかけている。

５大銀行と他の銀行も資産不足に陥っているなかで、中国人民銀行（中央銀行）の外貨建て資産だけがますます膨らんでいるのだ。２００９年末時点で18兆５３３億元（約２５０兆円）と、人民元の総資産に占める割合は８割を超えている。どうして急増したのか。ロスチャイルドと金融エリート集団が背後で動き、２００１年12月に中国を世界貿易機関（ＷＴＯ）へ加盟させたからである。

中国政府は元相場を実勢より低く抑え、輸出を後押しした。輸出が増加し、ドルが増えた。人民銀行は、元を売ってドルを買う市場介入を拡大した。この役をＨＳＢＣが担当した。約２５０兆円の外貨とは、中国人民を犠牲にして積み上げた幻の資産である。

２００９年末の中国人民銀行の総資産は22兆７５３０億元。外貨建てのほかは政府や金融機関に対する債権が大部分を占める。しかし、この債権はほとんど価値がない。ＨＳＢＣが中国の債権に最大の権利を持っている。中国政府は外貨建て資産をフルに使い、２０００年から09年の９年間で金などを購入してきた。この外貨建て資産が４割弱から82％にまで上昇した。

ここに中国という国家とは何かが見えてくる。人民元をコントロールしているのはHSBCであることが明らかとなる。香港ドルと人民元ゆえに中国政府は巨大な米ドルを獲得し、世界中の資源を買い漁っている。

HSBCとSCBはロスチャイルドと金融エリート集団の意向に添って中国の資源漁りに協力している。イギリスの「デイリー・テレグラフ」(2010年2月4日付)の記事を引用する。

HSBCは、取引のある顧客が銀行内部に預けられている金塊について、もはや、ニューヨークの金庫を利用できないという報告を数百の小規模金塊所有者に伝えた。

このイギリスの銀行(マンハッタンのブライアント公園を見渡している米本部の地下に大きな金庫室を持っている)は、小口の顧客に告げた——顧客のためにHSBCに蓄えられている金塊は2010年7月までにHSBCの金庫の外に出さなければならない——と。

この決定により、ニューヨークから他の貴金属とともに金が装甲車に乗せられて運び去られた。

この件につきHSBCスポークスマンはコメントを拒否した。しかし、この件は企業顧客による金の従来からの保管の要求が増加していることが小口の顧客へのサービスを終えることを示している。この小口の顧客は10年前にリパブリック銀行から引き継いだものであったのだが。

この決定は金価格が新高値へと続くことを示している。月曜日、1オンス1174ドルとなった。この事実は、金価格が流星のように上昇していく中で、売却よりも金を買い増やそうとしている個人投資家が増えていることを示している。

世界最大の金のディーラーはHSBCであることを私は書いてきた。HSBCはニューヨークの銀行内部にある金塊を装甲車で運び去り、そのすべてを香港にある銀行の金庫に入れた。ニューヨークだけではない。世界中のHSBCの金塊は香港に運ばれている。金のバブルがはじけたときに対処するために、香港という特殊国家が金塊の保管場所に選ばれたのである。

もう一つの大きな理由があると私は考えている。それは人民元と香港ドルを、セットで新しい世界通貨にするための準備工作ゆえである。金をもって部分的な金本位制であれ、近未来に実現させるためである。

金のバブルは、いつの日か定かではないが、確実にはじける。そして金価格は急降下を続ける。その下落し続ける金を、中国政府とHSBCが買い続けて在庫量を増す。その後で香港ドルと人民元が金の裏付けを得た新通貨となる。もちろん書かずもがなではあるが、この時をもって、香港ドルと人民元を実質的に支配するロスチャイルドと金融エリート集団が新世界秩序を創り出すことになる。

［第6章］

同時崩壊する「金《きん》のバブル」と「中国のスーパーバブル」

■――共産中国は金《きん》を買い漁っている

中国の金《きん》について書くことにする。

中国人にとって「先人の跡を継いで未来を切り開く」とは何か。中華思想をもって世界の文明を吸収し、中華の民族を世界最強者とすることであろう。中国は今や中国共産党という英雄集団が胸を張って世界に飛躍しようとしている。世界の資源を獲得せんと中国は世界中に飛躍を続けている。そこには、道徳という言葉などは入りこむ余地はなさそうである。中国による世界統治こそが彼らの最高の道徳であろう。

「チャイナ・ゴールド（中国黄金集団公司）」は、北京を本拠とする中央政府が１００％出資している国営企業である。中央政府の所有となっていた鉱山をもとに設立された。現在はそれらの鉱山のほかに、政府によって設立された企業群を傘下に持っている。総資産は約１５００億元。中国の金生産量の約20％を産出している。中国政府の金に対する熱意が伝わってくる。

２００７年、金の生産量において中国は南アフリカを抑えて世界第１位に躍り出た。１９０５年以降トップであり続けた南アフリカや、アメリカ、オーストラリアなどの主要産金国は停滞し続けている。中国では安価な労働力を利して、オーストラリアおよびカナダの企業が中国内の金鉱山開発に加わってきた。

「月刊中国」誌（2010年3月号）から引用する。タイトルは「世界でただ一つ『中共摸金部隊』とは」である。

中国観察の1月6日報道によれば、中国人民解放軍武装警察黄金部隊「摸金」は世界でただ一つの特殊任務を持つ工作隊である。

解放軍報12月2日の報道では、武装警察黄金部隊の4支隊は内蒙古の錫郭勒盟地域で、埋蔵量が厚さ100メートルもの、銀、鉛、亜鉛、錫など約8万9千トンに及ぶ鉱床を探査・発見したという。鉱床を発見した4支隊は、中国東北地域で活躍する先進的探査技術の部隊だが、最近探査・発見した鉱床だけで15カ所に及んでいる。（中略）

1984年、人民解放軍が100万人の追加採用を決めた時にある幹部が、それらを黄金部隊にすることを提案した。李鵬は反対だった。そこで1985年1月1日にこれらを武装警察に組み入れることで名称変更し、現在に至る組織になったのである。

この黄金部隊が大活躍し、中共政権としては貴金属類の鉱床発見が加速することになった。80年代には年間産出量が56トンに達し、90年代末には170トンを超える量となり、21世紀初頭には200トンを突破、2009年度の産出量見積りは300トンを突破するとみている。この産出量は、南アフリカ、アメリカを超えて、世界最大の産出量となる。

中共の軍隊は、国家の資源獲得によって経済活動の重要地位を築き、すでに海外の資源獲得にも乗り出している。これらの工作によって、中共独裁統治政権においては軍隊・政治家・共産党員だけが金持ちになれるシステムが完成している。

人民の窮状は、黄金部隊の活躍によって少しは改善されたのか？　消息筋の話によっても、高級幹部や太子党の人物は大半が会社を経営しており、全員が裕福であるという。これを支えているのが、黄金部隊なのである。

「太子党《たいしとう》」とは、共産党政権を樹立した人民解放軍の元老・幹部の二世たちである。彼らのほとんどが世襲して共産党幹部となり、また事業分野にも進出している。

「前哨月刊」誌（2010年6月号）の「大陸報導」という記事に金のことが書かれている。私の知人の翻訳による。

中国は改革開放以来、1999年まで、毎年の貯蓄増加額は相当の数字になっている。全国の年間給与総額の80〜90％を占める。1995年では、住民貯蓄の増額は当年度の総給与総額を44億元も上回った。2001年になると、その額は給与よりなんと3000億元も超えている。

この現象の解釈はただ一つ、資産は非給与の形で、少数の富裕層に握られているということだ。2005年11月、たった1カ月で、各級の高官および家族が黄金を購入し、その総重量はなんと50トンにも及ぶ。各省官僚の個人財産は、90％が1000万元を所有する。

2005年11月の1カ月だけで、国家のエリート層とその家族が50トンもの金を購入しているとは信じがたいことである。中国は公表していないものの、すごい量の金を産出していることは間違いないのである。この「前哨月刊」の記事を裏付ける記事を発見した。先に引用した、ジャーナリストの鳴霞《メイカ》（日本在住、「月刊中国」発行人）が『中国人民解放軍の正体』（2010年、日新報道）を出している。その中に次のような記述がある。

巨大利権としては、軍の中に石油・黄金・森林の売買部隊がある。2008年2月の「動向」の報道では、軍隊のトップがこれら資源を地方の個人企業に現金で売買し、数回の売買で数千万元の収入を得ているそうである。

それら商売より繁盛しているのが「武器売買」である。国境地帯の解放軍が装備修理工場に「4000丁のソ連製機関銃を廃棄せよ」と命令を出すと、業者は1000丁だけは廃棄するが、密かに残り3000丁を修理してアフリカの武器商人に売り渡すのである。すると、アフリカの武器商人はそれらの機関銃をウズベキスタンなどに密輸し、利益を得る。機関銃は旧ソ連製武器と合わせて武装集団に売り渡され、アフリカのスーダンなどに持ち込まれているのである。

著者の鳴霞は、複雑なルートをたどって武器が「アフリカのスーダンなどに持ち込まれている」と書いているが、スーダンのダルフール紛争に関し、中国は大量の武器を提供し続けてきた。中国はダルフール紛争から利益を得てきたのだ。ダルフールに石油があるからである。中国は石油だけではない。銅山や金山にも黄金部隊を送り続けている。

海外の金鉱山買収の数例を挙げておく。中国有色集団はチャーラッド・ゴールト（イギリス）の持つキルギスタンの金鉱山の株式の19・6％（5・6億ポンド）を出資した（2009年7月）。中国五鉱集団はラオスのセポン銅・金山をオーストラリアのオキシアナ社から買収した（2009年6月）。採金鉱業はインドフル（豪）の銅・金鉱山に37・5％の出資をした（2009年11月）。

2009年3月、全国人民代表大会（全人代）で温家宝首相は、外貨準備を企業の対外投資に活用する方針を明らかにした。同時に、地方政府は企業への海外買収に補助金を支給する政策を実施した。国有大手企業が国家投資ファンドから資金を提供され、石油、鉄鉱石、銅、ニッケル、そして金を買い漁っている。09年の投資額は433億ドル（前年比6・5％増）。石油、鉱業、製造業への投資が約半分である。

「人民網（日本語版）」（2010年1月20日号）から引用する。

中国黄金協会がまとめた最新の統計データによると、２００９年の中国の金生産量は初めて３００トンを超えて前年比11・34％増加の３１３・98トンに達し、過去最高を更新した。これにより中国の金生産量は３年連続で世界トップとなった。同年の金関連産業の工業生産額は１３７５億３２００万元で同18・56％増加した。金生産量の上位５省・自治区・直轄市は１位から順に、山東省、河南省、江西省、福建省、雲南省で、この５省で全国の生産量の59・48％を占めた。現在、金を生産する県（県級市）は５００カ所を超え、うち約１００県（市）で金工業が基幹産業となっている。

この報告書には出ていないが、ウイグル自治区が中国最大の金の産出地である。また、チベットのチャムド県マルカム地区にある〝聖山〟セル・グー・ロは金山でもある。２００９年５月、チベット人と武装警官隊が衝突する事件が発生した。チベットには多数の金山がある。これから黄金部隊がチベットの金山も多数開発することになる。

李曉南（国務院国有企業監事会主席）は２００９年10月30日、３〜５年以内に金の準備を６０００トン、８〜10年以内には１万トンにすると発表した（「中国青年報」）。

李曉南が示した金準備の数字は決して誇張ではない。中国は自国の生産による金を売却しないことにした。ロシアは世界の生産量第５位である。この２カ国で約生産シェアの20％を占める。ロシアも将来において金の保有分を売却しない方針を発表した。中国は２００９年４月に

600トンから1054トンに公的保有高を増やしている。ロシアはこの2年間で400トン前後から500トン超に増やしている。ロシアと中国が協力しあい、ドルに代わる新基軸通貨の創設を提唱している。中国とロシアの2国が公的保有額を増やしている面からみても、金バブルを証明できると思っている。

中国の2009年の需要量は442トンである。これは中国人が購入した現物の金である。中国の金の購入ブームは数年前から続いていた。「大紀元日本」（2008年1月9日号）の記事を引用する。

> 金の取引価格が上昇し続け、史上最高値を更新し続けるなか、中国では、金の購入者が激増している。去年〔2007年〕の下半期から、一部の金の取引企業の月間取引量がトン単位で計算されるなど黄金ブームを起こしている。上海や、抗州などの沿西部の都市では、貴金属店で大量購入する客が増え、「野菜を買うように金を買っていく」という。

中国ではすでに2007年の下半期で金購入の巨大ブームが起こっていたことが分かるのである。すごい量の金が売買されている。だがその実態は、ごく一部の報道しかないので見えてこない。私たちが想像しえない金塊が現に中国国内に存在するにちがいないのである。

2010年2月26日の「北京発ロイター電」は「中国国務院発展研究センター金融研究所の

夏斌所長は26日、中国は長期にわたり金購入を継続する必要があり、金価格の下落は購入の好機だとの考えを示した。また、中国が国際通貨基金（IMF）が売却する金191トンを購入するかについては、まったく分からない、と語った」と伝えた。

IMFの金191トンの売却については、GATA《ガータ》が「現物の金ではなくペーパー・ゴールドである」と報じている。IMFは現物の金をすでに売り尽くしてしまい、現在は持っていないとGATAは発表している。真偽は分からないが、GATAの説は正しいと私は判断している。世界の各中央銀行もIMFも、ペーパー・ゴールドを持っているにちがいないのである。

夏斌所長が「金価格の下落は購入の好機だとの考えを示した」に注目したい。

IMFは2009年9月に403・3トンの金を売るという意向を発表した。中国がこの金を買う意向を示したが、インド（200トン）、スリランカ（10トン）、モーリシャス（2トン）が、2009年の末に計212トンを購入した。GATAは、「このIMFの金はFRB経由の金である」としている。中国はIMFから安く購入しようとして失敗したものと思われる。

「プラウダ・モスクワ」（2010年2月25日付）は「中国は公開の競売で191・3トンの金をIMFから購入する意向をかためた」と報じている。中国が安値で金を購入しているのは事実である。中国はHSBC経由で安値の金を購入することができる。また、中国はポールソン&カンパニーに投資しているから、そのルートで安値で仕入れることができる。

中国は、公表されている1054トン（外貨準備高に占める割合は1・5%）よりかなり多くの金を公的保有していると私はみている。

中国最大の商業銀行である中国工商銀行（ICBC）は、2010年から金の店頭販売を本格化した。国際調査機関のワールド・ゴールド・カウンシル（WGC）との提携を4月の初めに発表した。金を扱う店舗を約1万6000カ所に増やす計画だという。WGCはロスチャイルドと金融エリート集団が支配する金の独占企業体でもある。金ETFのSPDR《スパイダー》ゴールド・シェアの持ち主でもある。中国に登場する約1万6000の店舗では、現物の金を売るようになる。

中国に現物の金を提供するのはHSBCである。その背後にUBSとクレディ・スイスが隠れている。この現物の金は中国共産党の強制力により、いつでも政府が回収できる。莫大な量の金塊を中国は与えられようとしている。香港に運ばれたHSBCの金塊が中国工商銀行に、移るべくして移っていく。もし、金バブルがはじけたら、中国は安値で中国国内のみならず世界中の金を買い漁るであろう。そして、その金で、部分的であれ、金本位にもとづいた人民元が国際通貨となるのである。

ここで金の現物について書いておく。WGCも、その配下のGFMSも、金の供給量と消費量を毎年発表しているが、供給量のほとんどは、金産出量と二次的生産量（ほとんどが産業破棄物から）であり、スイスのUBSやクレディ・スイスが秘匿している金は供給量に入っていない。それゆえ、私は金ETFの金の在庫量が不自然であり、タングステンの上にメッキした偽ゴールドにちがいないと主張してきたのである。

2007年10月、中国工商銀行が南アフリカのスタンダード銀行の株式20%を取得した。その総額はおよそ6300億円。しかし、この株式取得は、ある深い意味を持っていた。それは、アングロ・アシャンテとゴールド・フィールズとが中国工商銀行と金において共通の場を持つということを意味した。もっと簡単に書くならば、世界第3位と第4位の南アフリカを拠点とする金鉱山から産出する金を、中国がスタンダード銀行を通じて輸入することを意味する。アングロ・アシャンテの筆頭株主はポールソン&カンパニーである。中国の国家投資公司であるCICが、この会社へ投資を続けている。中国の金需要にロスチャイルドと金融エリート集団が手助けする計画の一端が見えてくる。

アメリカの公的在庫は限りなくゼロに近いと私は書いてきた。間違いなく中国は、発表された公的な金の保有量よりも多くの金を持っている。

■――香港上海銀行《HSBC》と共産中国が金《きん》の戦争を仕掛ける

2007年、中国の金の生産量は270・49トン。南アフリカは272トン。しかし、2008年には逆転した。このことはすでに書いた。消費面でも今や世界第1位である。

金の生産と消費をつなぐ流通市場は中国人民銀行（中央銀行）が統一的に管理してきた。1982年9月、金の装飾品販売が解禁された。1993年には金の取引価格制度は固定定価制から変動定価制に移行した。2001年6月に中国人民銀行による金価格オファー制度が導入され、同年8月から金（および金製品）の価格が自由化された（以下、関根栄一が「週刊エコノミスト」2008年8月11日号に寄稿の「上海で始まった金先物取引の狙い」を参考にする）。

中国が金取引に本格的に取り組み始めたのは2001年11月に上海金取引所ができたからである。02年には上海黄金交易所が中国人民銀行により創設された。この交易所は中国における先物取引所で、09年の売買量は約5000トンである。

一方、上海金取引所は国内の金融機関、金の生産・加工メーカー、販売・輸出入業者から成る会員組織である。この組織をつくり上げるのにHSBCが手を貸した。中国銀行とHSBCがこの取引所を主導している。HSBCは08年6月に外資系金融機関として初めて自己取引を行った。上海先物取引所で金の先物取引が解禁されたのが08年1月9日である。この先物取引をリードしているのがHSBCである。先物取引高は増え続けている。09年12月に金価格が上昇したのは、中国政府が外資準備の一部を使い、金の購入に走ったからである。

中国政府は間違いなく、HSBCとともに安値で金を買っている。HSBCとともに高値と安値の操作をしながら先物市場で金を買う一方で、ショート・ポジション（空売り《からう》）の立場もHSBCとともにとっているると思われる。どうしてか。ニューヨークのCOMEX《コメックス》と上海先物取引所とが連動しているからである。かつてロスチャイルドの「黄金の間」の金価格決定値とCOMEXの最終決定が見事に一致し続けたように、である。

今や上海先物取引所は国際商品の価格決定センターとなりつつある。金の生産、流通、消費の面で中国が決定的な役割を持つにいたっている。その上海先物取引所を、中国銀行とHSBCが動かしている。金のバブルを演出しているのである。中国工商銀行とHSBCが組んで中国全土に1万6000の金の販売店をつくり、ここで現物の金を売り、先物取引でHSBCは中国銀行と組んで金価格を上昇させている。

この現物の金と先物のペーパー・ゴールドは、一つの目的によって結ばれている。それは、金のバブルの創造と破壊による新世界秩序の創出に他ならない。2006年11月、中国政府は「上海国際金融センター構築に関する第11次5カ年計画」を発表した。この計画に沿って、上海先物取引所が国際商品の決定センターになるべく運命づけられているのだ。

この5カ年計画の最終年は2011年である。HSBCと中国政府は2011年に金のみならず、アルミニウム、亜鉛、ゴム、重油の先物取引において、さらには世界中の商品価格において決定的役割を果たすことを目指すべく、第11次5カ年計画を立てたことは間違いないのである。

2010年7月に入ると、中国人民銀行は人民元の相場の弾力化の方針を打ち出した。7月第1週には対ドルで0・53%の元高となったが、その後、元高の進行ペースは落ちている。元高は輸出減となり、中国の中小企業の倒産につながる可能性がある。

中国国務院（中国の最高国家行政機関）は２００９年3月、上海を２０２０年までに国際金融センターとする条例を承認した。一部に、香港はこの条例に揺らいでいるとの報道があったが、それは間違っている。ＨＳＢＣがこの条例に賛意を示しているからである。香港という存在なくして上海は、現在も未来も存在しえないからである。人民元の国際化がなされつつあるが、香港の力添えを得ても簡単ではない。香港は珠江デルタをバックにし、経済活動において中心的役割を果たしてもいる。

２０１０年、中国政府はＨＳＢＣの香港口座に政府名義の口座を開設し、各国有銀行はその銀行を利用して、香港の為替市場へ参加できるようになった。また、人民政府は元建て投資信託の販売をＨＳＢＣに認めた。ＨＳＢＣを通じて、財政赤字を埋めるべく、人民政府はドル、円、ユーロを世界中から集めている。

２０１０年5月に入ってから、中国の財政悪化がはっきりしてきた。ＨＳＢＣは、日本人が中国の通貨「人民元」で預金できる口座を日本国内に開設した。預金額１０００万円以上の顧客が、円やドルの通貨を人民元に両替して預けられることになった。人民元での資産運用が、日本国内でできるようになったわけだ。ＨＳＢＣの日本国内の支店を通じて、中国の支店に口座を開設できる。

日本だけではない。ＨＳＢＣはアメリカやヨーロッパでも同様の口座を開設し、ドルやユーロやポンドをかき集めて中国に与えている。中国は今や、世界中から金を借り入れなければ国家の赤字財政を処理できないのである。外貨準備金は使うに使えない。この準備金でアメリカ国債を買い続けることで人民元安の為替相場をつくりだし、貿易黒字を生むことができるからである。

世界中の金融機関や世界企業はこのことを熟知している。中国を利用し、工業化し、利益を上げてきたのである。

麻薬と金の関係については先に述べた。ここではさらに具体的に書いてみたい。

中国南部の四川省成都市はタイ、ミャンマー、ラオスを結ぶ「黄金の三角地帯」の中継地である。ここから中国へアヘンが流れ、成都市に集まる。

このアヘン取引では金が使われると、私は書いた。しかし、この「黄金の三角地帯」からのアヘンの生産量は少ない。中国西北地区とアフガニスタンが国境を接しているのを知る必要がある。アフガニスタンのヘロインの生産量は世界の8割を占める。中国はアフガニスタンから大量の麻薬を仕入れて世界中にばら撒いている。タリバンと中国はヘロイン取引をしている。タリバンにドルとゴールドが中国から流れている。そのヘロインは、香港からHSBCとSCBのルートでCIAの協力のもとに世界中に流れていく。この流通に華商と闇の組織がかかわっている。中国公安省は2008年末の時点で約100万人のヘロイン患者が中国国内にいると発表しているが、この数倍は存在するとみられている。

中国は、アフガニスタンとアメリカが戦争状態にあるにもかかわらず、首都カブール南のアイナク銅鉱山で、銅と少量の金を採掘している。この銅鉱山に通じる道路を駐留米軍が警備している。この銅鉱山からかなりの量の銅、そして金が中国に持ち込まれている。

2010年6月13日、「ニューヨーク・タイムズ（電子版）」は、アフガニスタン各地に1兆ドル規模の鉱物資源が埋蔵されているとする米国防総省の調査結果を報じた。鉄、銅、金、リチウムなどが大量にあるという。これだけではない。アフガン南部では大規模な金の鉱脈も確認された。アフガン南部はタリバンの支配地域である。中国はタリバンと交渉し、この巨大金脈で金を掘り出すであろう。この事業にCIAが協力するにちがいないのである。アフガンの金産出量が増加すれば、ヘロインの量も増加していく。

中国という国家は、私たち日本人が想像しえない国家である。

宋暁軍《ソウギョウグン》他4名共著の『不機嫌な中国——中国が世界を思いどおりに動かす日』（2009年、徳間書店）から引用する。

人々は中国の汚染が深刻な事態になっていると言うが、中国をアメリカの加工工場に変えてしまったのは誰なのか。そのために中国が生産をすればするほど汚染が深刻になり、アメリカには金が入る仕組みになっている。人々が苦労して雀の涙ほどの金を稼いでいるときに、中国人に数億枚のシャツとアメリカ製の飛行機1機を交換させているのは誰なのか。それにもかかわらず、中国が自前でジャンボジェット機を開発するための投資は渋ろうとする。

中国が外貨準備高を積み上げているときに、その金を巨額のアメリカ国債に換え、中国の貧乏人が血と汗を流して稼いだ金をアメリカの金持ちに貸してしまったのは誰なのか。さらに彼らはアメリカと一緒に人民元が米ドルに対して一方的に上昇する「不可避」の状況を演じている。そしてアメリカ発の金融危機によって、中国の財産は巨額の損害を被《こうむ》ったのだ。

「不機嫌な中国」が、アメリカ発の金融危機を上回る規模の巨大金融危機を演じるのである。これは間違いなく、「金による戦争」である。勝者は戦争を計画し、実行した者である可能性が大である。

■──金《きん》のバブルがはじけた後に「世界統一政府」が姿を見せる

上海香港銀行（HSBC）は人民元建ての貿易決済サービスをしている。中国工商銀行は2009年9月にインドネシアの企業向けに人民元を融資した。この融資にHSBCが参加している。インドネシア・ルピアと人民元建ての貿易決済をHSBCがしている。HSBCはこのような決済サービスをマレーシア、タイ、シンガポール、ベトナムでもしている。韓国と日本との間でも人民元決済取引をしているが、HSBCが中心となって進められている。

　この決裁には香港ドルは直接には動いていないが、香港ドルが人民元の信用取引を強固にしているのは間違いない。

　2008年9月のリーマン・ショック以降、バンク・オブ・アメリカ、ロイヤルバンク・オブ・スコットランドなどは中国の銀行株を手離していったが、HSBCは中国の銀行株を買い増している。このことはすでに書いた。HSBCは、中国銀行株の「外国銀行の持ち株比率の上限20％」の規制を撤廃せよと迫っている。だがHSBCだけは、別格なのである。

　中国はベラルーシ、ブラジル、アルゼンチンとの間でも2国間の「通貨スワップ」協定を結んでいる。世界各地に営業拠点を持つHSBCが、この協定の仲介役になっている。中国は人民元を基軸通貨にすべく動きだしたのである。リーマン・ショック後に中国は人民元の信用枠の拡大を目指すようになった。すでに東南アジア地域では日本円を抜いて、「第2の米ドル」と呼ばれている。

　ノーベル経済学賞受賞者で、コロンビア大学教授のロバート・マンデルは金本位制論者の代表格である。そのマンデルは今や、中国のために論陣を張っている。彼は共産党指導部から四《し》合院《ごういん》なる中国式の邸宅を与えられて厚遇されている。だからこそ彼は、「IMFの特別引出し権

（SDR）の通貨バスケットに中国人民元を加えるべきである」と主張しているのだ。
この主張を受けて、周小川人民銀行総裁が2009年3月23日、「国際通貨システム改革に関する考察」なる論文を発表して、ドルが基準通貨であることに対する中国政府の不信を表明したが、それもマンデルの意向を受けてのことであった。

マンデルはロスチャイルドと金融エリート集団の一員であり、WGC（ワールド・ゴールド・カウンシル）の顧問も勤めている。そのマンデルが中国・広州で開催された「アジアの論壇」の席上で次のように語った。2009年9月18日付の「中国特報」から引用する。

2、3年以内に人民元は日本円に代替する国際通貨の位置を獲得するだろう。アジアにおける「ユーロ」のように基軸通貨になるだろう。20〜30年以内に人民元は米ドルに代替する世界通貨になる可能性が大きい。あたかも英国ポンドが戦後米ドルに代替されたようなケースになるだろう。大変化の兆しはIMF改革における中国の主導権とSDR債の発行による。まもなくSDRバスケットにおける中国の比率は10％に達するだろう。

2009年3月の周小川人民銀行総裁のIMFに関する発言以降、中国は「SDR通貨」を提唱しはじめた。しかし、SDRに通貨としての役割を持たせるのは無理だと中国は悟り、この種の発言はなされなくなった。それでも、水面下でこの件は進行していた。「朝日新聞」（20

10年6月30日付）にIMFのストロスカーン専務理事のインタビュー記事が出た。

IMFで資金を融通する仕組みである「特別引き出し権（SDR）」を構成する通貨に、中国・人民元を加えるかについて「検討すべき事柄だ」と〔ストロスカーン専務理事が〕明言。中長期的に実現すれば、米ドルや日本円などに並ぶ国債通貨に仲間入りすることになる。（中略）同専務理事は、中国・人民元をSDRの構成通貨に加える検討について「早いほど良い。時間がたつにつれ、人民元をはじめとする他国通貨をSDRに加えるべき理由が増えるからだ」とし、世界経済のなかでの新興国の比重の高まりを反映させる必要があるとの認識を示した。

ギリシャ危機への欧州向けの融資で、IMFの負担枠は全体の3分の1にあたる2500億ユーロ（約27兆円）。現時点での途上国への支援額（約16兆円）を上回っている。ストロスカーン専務理事と執行部がこの支援枠への関与を、理事会の承認を経ずに一方的に決めた。アジア新興国は完全に無視された。SDR構想は意味のないものとなった。貧しい国のために投資するというIMFの方針は無視された。中国は「IMF改革を加速すべきだ」と、カナダでのG20（財務相・中央銀行総裁会議）の席上で力説した。しかし、IMFは完全に、欧米の御都合主義によって運営されている。

中国はＩＭＦ改革を説くけれども、これは一過的な狙いである。中国の真の狙いは金本位制の実現である。人民元の、金とリンクさせる国際決済通貨（ハード・カレンシー）化である。中国がいかに金の備蓄を増加させているかを私は書いてきた。中国はどうしてＩＭＦに執着心を持ち続けるのか。ＩＭＦの中で中国の地位を向上させ、人民元の価値を高めようとしているのである。そのためにＳＤＲ債券を５００億ドル購入し、ＩＭＦの増資に４００億ドルの出資もしている。

ＩＭＦはヨーロッパへの融資に、日本のＩＭＦからの出資（１０００億ドル）や中国の出資を使い、アジアを無視できなくなった。円はともかく、世界の人々は人民元が国際決済通貨になっていることを知るようになった。この人民元がいつの日にか、ドルを超えたハード・カレンシーとなるのであろうか。ロスチャイルドと金融エリート集団は、共産中国を裏切らないのだろうか。

中国の未来はどうなるのだろうかと、この本を書きつつ私は思いめぐらせてきた。ロスチャイルドと金融エリート集団はなにゆえに共産中国を大事に育ててきたのか、と思案し続けてきた。ここに一冊の本を読者に紹介する。先にも示した宋鴻兵の『ロスチャイルド、通貨強奪の歴史とそのシナリオ』である。

ストロスカーンＩＭＦ専務理事

国際銀行家は「超特殊利益集団」であるということだ。彼らはいかなる国家、政府にも属さず、逆に国家と政府を支配する。彼らはあるときはドルとアメリカの力を利用するが、時機到来ともなると、ドルを攻撃する側にまわる。1929年の大恐慌に匹敵する経済危機を世界規模で引き起こし、各国政府に多くの主権を放棄させ、地域内の通貨統合を進めたり、個別政府制度の維持を諦めさせる。

リーマン・ショックからギリシャの危機にいたる世界の激変のすべては、彼ら国際銀行家（ロスチャイルドと金融エリート集団）が仕組んだものである。欧州連合（EU）を創ったのもロスチャイルドと金融エリート集団であったし、ギリシャやスペイン、ポルトガルの国家財政を破綻に誘導したのも国際銀行家であった。ヨーロッパは今、解体されようとしている。その犯人は誰かと問うまでもない。

さて、これからが重要な文章の引用となる。著者の宋鴻兵が共産中国の高級官僚の一人であることを意識しつつ、以下の文章を読んでほしい。

中国の金融システムを攻撃することが彼らの最重要課題となっていることは疑う余地がない。問題は、いつ攻撃するか、どんな方法で攻撃するか、なのだ。僥幸《ぎょうこう》を願っているだけでは、悲惨な結果を招くことになろう。

彼らが用いる方法は、日本を攻撃した手法と似ているかもしれない。まず、中国でスーパーバブルを引き起こす。中国も彼らの援助で――1985年から1990年の日本のように――数年間の繁栄が続く。そして彼らは実行に移すのだ。「遠距離非接触型」の金融〝核〟攻撃を仕掛け、世界中で中国経済の信頼を失わせ、海外と国内の資金を中国から追い出してしまう。その後で、きわめて安い価格で中国の社会資本などのコア資産を買収し、中国経済を徹底的に解体し、世界を統一するもっとも重要な一歩を踏み出すというシナリオだ。


宋鴻兵が言う「スーパーバブル」をHSBCが中国の内陸部で起こしている。HSBCはSCBとシティグループを誘って内陸部に支店（営業拠点）を置き続け、農村部の人々にローンを組ませてサブプライム・ローン地獄に突き落としている。もうすでに、ローンを返せず、農村の人々が数百万単位で家を捨てている。スーパーバブルはこれからが本番となる。上海や北京のマンション・バブルも進行中である。

しかし、本当の「スーパーバブル」は金のバブルである。ロスチャイルドと金融エリート集団は共産中国を最後に処理することになる。

2010年7月1日、中国で「国防動員法」が施行された。この国防動員法の特別措置の対象として「金融」を筆頭に挙げている。中国政府は金融危機時に内外の金融機関の投機的行動を封じることを意図していると思われる。「週刊エコノミスト」（2010年7月6日号）の中で田代秀敏（ビジネス・ブレークスルー大学教授）は「現在、人民解放軍の香港部隊ビルは、香港の国際金融センタービル、HSBCや中国銀行の香港支店ビルなどが林立する金融街の中心に位置しているが、国防動員法施行後は、軍がそれらの金融機関を直接にコントロールすることが合法化される」と書いている。

国防動員法の施行は、近い将来に巨大な金融危機が襲い来ることを、中国がロスチャイルドと金融エリート集団から知らされているからであろうと私は推察する。しかし、人民解放軍はHSBCの警備はするだろうけれども、コントロールする力を持つことは決してない。HSBCが共産中国を完全にコントロールしているからである。

人民元が世界通貨となる前に、宋鴻兵が予言するように、「きわめて安い価格で中国の社会資本などのコア資本を買収し、中国経済を徹底的に解体し」、ロスチャイルドと金融エリート集団は「世界を統一するもっとも重要な一歩」を踏み出すことになる。そのために金のバブルの演出がなされ、中国でスーパーバブルが進行中なのである。

宋鴻兵は「ロスチャイルド家は、いったいどれだけの財産を持っているのだろうか。それは世界の謎の一つだ。少なく見積もっても50兆ドルはあるといわれている」と書いている。

世界はロスチャイルドと金融エリート集団を中心に回っていることを知る以外に、この世に進行中の出来事を知ることはできない。彼らは金銭への際限なき執着と欲望を持っている。金銭と富に対する洞察力と天才的な読みを持っている。だからこそ、彼らは強大な金融帝国を築き上げている。

金のバブルの崩壊は見えない暗闇の中で操作されている。ロスチャイルドと金融エリート集団は精密な調整力をもって、市場よりも迅速な情報収集を行っている。彼らは冷徹な理性によって金のバブルを創造した。彼らにとって「市場《マーケット》は戦場」なのだ。彼らは金のバブルを崩壊させるために限りなく残忍になることができる。この事実を知らずして、金のバブルの真相を知ることはできない。

中国政府は金のバブルを憂慮している。「人民日報」（2010年6月10日付）から引用する。

資産規制方針が開始されたので、ますます不動産投機家たちが金に興味を持つようになった。不動産市場の大量の浮動資本が金の市場へ動くときに、もう一つの経済バブルに至るのではないかという問題が出てきた。専門家は実体経済への損害を抑制するために、若干の効果的処置が浮動資本を導くためにとられなければならないと言っている。

「人民日報」は中国政府が主導する新聞である。この新聞が金への投資を「経済バブル」と表現していることに注目したい。不動産バブルと金のバブルが同時に進行していることを中国政府は理解し始めている。

「日本経済新聞」（2010年7月8日付）に「金の大量購入に否定的／中国外貨管理局が見解」という記事が出た。中国国家管理局は「金は外貨準備の主要な投資先になり得ない」。「金の産出量は年間2400トンにすぎず、もし中国が大規模な購入に踏み切れば必ず価格が高騰する」と指摘した。また、「中国では金製品の購入が一般消費者の間でもブームになっており、金価格の高騰は国内消費者の利益も損なうとし、金を大量購入する考えがない」と強調した。

中国が現時点で公表している金保有は1054トン（09年）である。2010年3月末で2兆4471億ドルの外貨準備を持つ。外貨管理局は「金を買い増しても、外貨準備のうち、300億～400億ドル分の投資先を分散することにしかならない。外貨準備の運用を分散する効果はあまりない」と説明した。

私は2009年に発表された1054トンの公的保有量は表向きのものであり、中国はすでにその数倍の金を保有しているとみている。「外貨準備で金を大量に購入しない」という点に注目したい。中国が金価格の高騰に懸念を表明したのは、金バブルの発生を知り、その崩壊を憂慮しているということである。

しかし、残念というべきであろう。中国人民銀行がバブルの到来に気づき、金融引き締めに転じた2010年以降、不動産バブルは破綻する運命にある。金のバブルと同時に、中国のバブルもはじけそうである。

2007年4月、朱鎔基前首相が広東省深圳で、日本の閣僚経験者と会談した際にこのように語っている。

「中国の不動産、株式市場にバブルがあるかどうかの問題ではなく、いつはじけるかが問題なのだ」

私はあらためて、朱鎔基のこの言葉を思い出した。

中国のバブルがはじければ、当然日本も大きな影響を受ける。金のバブルがはじけるときには、さらに大きな衝撃が全世界を襲うのである。

[終章]

金《きん》のバブルは2011年に崩壊する

■——早ければ2011年、遅くとも2012年崩壊の根拠

金価格は、どこまで上がるのであろうか。アメリカが実際に8134トンの金《きん》を保有するとした上で、財政赤字を金で解消する場合には、金は「1トロイオンス＝2万7163ドル」まで上昇しなければならないと真剣に説く人がアメリカにはいる。

2010年に入ってから金価格は上昇を続けている。6月18日のニューヨーク金先物相場は大幅続伸した。ニューヨーク商品取引所（COMEX《コメックス》）で取引の中心である8月物は早朝の時間外取引で一時前日比12・2ドル高の1トロイオンス1260・9ドルを付け、過去最高値を更新した。7月に入り、少し値を下げた。7月1日のニューヨーク市場では、8月物終値が前日比39・2ドル安の1トロイオンス1206・7ドルに下落した。しかし、この下落は連休を控えたファンドの持ち高整理の売りが主因であった。

「大紀元時報」（2010年6月24日号）にゴールドマン・サックスの金価格の予想が出ているので引用する。タイトルは「金価格は年内1オンス＝1400ドル台に」だ。

米金融大手のゴールドマン・サックスは6月17日に発表した貴金属報告書において、米国の低金利政策及び欧州主権債務問題の拡大で、ETF（上場投資信託）や各国中央銀行

が金への需要が高まりつつあるため、国際金価格は２０１１年までに依然として上昇基調を持続し、年内に１オンス＝１４００ドル台に達するとの予測を示した。

投資需要が米ドル、ユーロから金に集中しているため、ニューヨーク市場で金価格は16日から18日まで3日間続伸した。18日のニューヨーク・マーカンタイル取引所の金先物相場（8月渡し）は一時、１オンス＝１２６３・70ドルまで上昇、史上最高値を更新した。

ロイター通信によると、金ETFの最大銘柄である「SPDRゴールド・シェア」は5月から6月の1カ月間、金の保有残高が１０８トン増加した。16日時点での保有残高は約１３０７トンと過去最高になった。

ゴールドマン・サックスの予測はほぼ完全に当たるのである。ゴールドマン・サックスはロスチャイルドと金融エリート集団の一員であるからというのが、その答えである。「金価格は偶然に上がるのではない」と、私は力説してきた。偶然でないということは、値上がりすべく工作がなされてきたということである。２０１０年6月に1トロイオンス１２００ドル台に上がった金価格は、12月までに１４００ドルまで上がるようにロスチャイルドと金融エリート集団が〝動く〟ということである。２００７年から08年の原油価格高騰を予測し、見事に適中させたのもゴールドマン・サックスであった。

金のバブルは間違いなく、２０１０年中は続くのである。1年に約30％の割合で金価格は上昇し続けている。ゴールドマン・サックスは、今年もこの調子で金価格が上がり続けると予測するので、世界中の富裕層が金投資を続けることになる。ドルもユーロも低金利であるばかりか、危険な通貨であるとされているので、金への投資は増えるばかりである。

なにをやってもうまくいかない、暗い日々を送るだけの人々が情熱を持てるものはないのか。それこそは「金である」と、ロスチャイルドと金融エリート集団は悩める人々に教えている。インフレーション、デフレーションに翻弄《ほんろう》され、ユーロは毎日、その価値を失っていく。この経済混乱こそが金を高値へと導くと、彼らは説明する。「金ETFで資産運用すれば、年金よりも安全です」。SPDR《スパイダー》ゴールド・シェアは宣伝し続ける。

金塊が2010年に入ってから溢れ出してきた。世界最大の銀行とセキュリティ会社が次々と、専用の巨大な金庫室を建設しだしたのである。JPモルガン・チェースは新しい金庫室をシンガポールに建設した。スイスに拠点を置くヴィア・マットという警備会社は、西ロンドンに銀の倉庫を造った。GFMS（貴金属コンサルティング）のフィリップ・カルピックは「金庫室を建設する動きが金の市場にとって〝新しい自然〟を反映する。期待することが、金の価格が上がることにつながる……」と語る。そうか、金庫室を建設すれば、金が自然に溢れてくるのか。

金ETFフローは2009年の始めから2010年の5月25日までの1年半で、260億ドルの記録を打ちたてた。SPDRゴールド・シェアは5月20日に金額で470億ドル、量で1

２００トンの新記録を打ち立てた。金ＥＴＦのためにバークレイズ・キャピタルは、２０００トンの金塊を買った。
バークレイズ・キャピタルも、ロスチャイルドと金融エリート集団の一員である。どこに2000トンの金があるのかと私は問いたい。私はこの記事を「フィナンシャル・タイムズ・ロンドン」（２０１０年6月6日付）の記事を引用しつつ書いている。ソロスの「クォンタム・ファンド」が登場する同記事を引用する。

彼らが尋ねる古典的な質問は「ＥＴＦを通じて金を所有すべきであるか、それとも伝統的な基金に投資すべきかです」と、イブ・ハンブロー（ブラック・ロック・ゴールドのファンド・マネージャー）は言う。「ヘッジファンドはソロス・クォンタム・ファンドを含めて金を持つことによって彼らの地位を確立しているのです。ソロスは6億ドルを金のＥＴＦに投資しています。それはワールド・ゴールド・カウンシル（ＷＧＣ）の意向にそってです」

ＷＧＣが金ＥＴＦを創設したのである。ソロスのファンドはＷＧＣの意を受けて動いている。
次に、「ウォールストリート・ジャーナル」（２０１０年6月24日付）から引用する。ニューヨークの金の先物市場（ＣＯＭＥＸ）のことが書かれている。このＣＯＭＥＸで、１日に１０００

トン以上の金の先物が取引されていることを念頭において読んでいただきたい。

先物市場のトレーダーたちは単に仮空利益のために売り買いの契約をするのでなく、貴金属を受け取ることを好む傾向にある。GMEグループのCOMEX（最大の貴金属交換所）では1年前と比べて今年は30％を超える金を受け取った。同時にこの交換所は金庫室に「今年は前年を11％上回る1090万オンスの金を持っている」と語っている。

COMEXの金庫にはほとんど金がない。2008年の末に、トレーダーたちがCOMEXに先物の金の期日が来たので金の現物を要求した。ブリオン・バンクにも金がなく、FRBと財務省が仲介に入り、トレーダーたちを説得し、先物価格にプラスアルファをつけて示談が成立した。このことはすでに書いた。もし、金があるとしたら、タングステンに金メッキしたものであろう。

COMEXは2009年に入り、前年比10％を上回る金の先物取引をしている。1日に1000トンを超える先物買いが入っている。このバブルがはじけるとき、10兆ドル単位のドルが瞬時に消える。SPDRゴールド・シェアについても「ウォールストリート・ジャーナル」が書いているので引用する。

WGCは、金の最大の工業インデックスであるSPDRゴールド・シェアを経営している。地金《じがね》によって裏付けられてはいるものの、一般の投資家たちにはリアルな金の所有を認めていない。

金ETFがもし、金を在庫しえなくなったら、どのような結果が生じるのであろうか。SPDRゴールド・シェアが登場してから、他の金ETFも金の在庫を増やしている。日本でも、三菱UFJ信託銀行が金、銀、プラチナ、バナジウムの4種類で、円建てのグラム単位で「日の丸」貴金属ETFを2010年7月中に登場させた。

日本だけの動きではない。「ウォールストリート・ジャーナル」も世界中で金庫室が建設されている模様を克明に伝えている。「金の強気の市場が新しい成長産業をスパークさせた。投資家のために秘密の場所（金庫）を買って、その場所を用立てている」と。また、「ある人々はグローバルな財政危機が続く中で大手銀行が金を蓄えて、小規模の投資会社にビジネスチャンスを提示しているのを疑っている」と。

「ウォールストリート・ジャーナル」は、金のバブルに呆《あき》れかえっている。しかし、この経済紙は例外中の例外なのである。日本の新聞、雑誌、書籍、すべてが、WGCの立場に同調している。いわく、「グローバルな財政危機の中で唯一の安全なヘブン（港）は金である」と。

ここで、いつ金のバブルがはじけるのかについて書くことにしたい。正確な予測は不可能に近い。しかし、バブルはすべて、はじけるからバブルなのである。はじけないものはバブルではない。

私は先にGFMSのポール・ウォーカー最高経営責任者の記事を載せた。その彼が2010年6月7日に来日して「日本経済新聞」の取材に応じ、金相場の見通しについて語った。以下、「日本経済新聞」(2010年6月8日付)から引用する。

「年内は上昇トレンドが続き1トロイオンス1300ドルまで上昇する可能性がある」と述べた。主なやりとりは以下の通り。

――当面の金相場の見通しは。

「ギリシャなど欧州諸国の財政危機や主要国の低金利を背景に、金価格は短期的には現在の1200ドル程度から上昇する可能性が大きい。年内は1050~1300ドルで推移すると予想している。経済不安やインフレ懸念など投資家が金を買う理由は様々だが、投資需要の拡大が金価格を押し上げている」

――投資需要の存在感が高まっている。

「投資需要が急拡大し、金相場の脆弱《ぜいじゃく》性は高まっている。現在の市況は投資家頼みの状況だ。鉱山生産量や宝飾品需要などの需給要因はほとんど価格に影響を与えていない。宝飾品需要と異なり、投資需要は電話やマウスのクリックで数百トンが簡単に動いてしまう。

投資需要の拡大が価格予測の難しさにつながってしまう。」

このポール・ウォーカーの金価格の見解の中に、金バブルがはじける時が暗示されている。「金相場の脆弱性が高まっている」に注目したい。「高まっている」とは「はじけそうだ」と同じ意味である。「金相場が脆弱化してきた。今にも崩れそうだ」とポール・ウォーカーは言葉を濁している。かつては宝飾品需要がほとんどであったが、今や投機の対象になったからである。投機とはリスクをとることである。続けて、ポール・ウォーカーの見解を聞いてみよう。

――中期的な展望は。

「鉱山生産量や宝飾品需要などの需給バランスから見ると、鉱山生産量は宝飾品などの加工需要を大きく上回る状況にある。今のところこのギャップを投資需要が埋めているが、金価格が上昇を続けるには投資家が金を買い続ける必要がある。投資家が手を引けば金価格は2011年に大幅に下落する可能性もあるだろう」

金ETFが市場に登場する前は金への投資は年間300トンであった。金価格が安かったので宝飾品が中心で、歯科用と工業用がその後に次いでいた。金価格が高騰しだしたので宝飾用需要が減ったのである。

ポール・ウォーカーは何のために2010年6月7日に日本へやってきたのか。その答えは、「投資家が手を引けば金価格は2011年に大幅に下落する可能性もあるだろう」の中にある。

単純に考えて答えるならば、ロスチャイルドと金融エリート集団は2011年中に金ETFのSPDRゴールド・シェアから、ジョージ・ソロスとジョン・ポールソンに手を引かせる可能性があるとポール・ウォーカーは語っているのである。

世界の大銀行が金庫を建設しつつあるのは、金《きん》が無いことを隠すためなのである。COMEXの金の倉庫は、9・11テロによって消えたあのツインタワーの地下にあった。COMEXはこの金庫に金塊を入れていたと言い訳をした。世界の大銀行はCOMEXの逆をしている。いくらロンドンの金の取引所であるLBMSが金があると言い張っても、金の産出量は年々減り続けて3000トンを超えることはない。中国とロシアは輸出を禁止している。投機の市場に流れている金は1500トンを超えることがない。SPDRゴールド・シェアだけで1カ月に100トン以上の金を、ロンドンにある金庫に積み増している。この矛盾に気がつかないほどに、コガネムシたちは熱狂している。

しかし、コガネムシは騙せても、騙せない人々がいる。2008年末の金の取引高は20兆ドルを超えると私は書いた。世界の貿易の総取引量（2008年）は約19兆ドルである。2008年に比べて金価格は30％上がっている。30兆ドルに限りなく近づくか、あるいは超えている。2010年の末にはゴールドマン・サックスの予想では1400ドルを超えることになる。S

PDRゴールド・シェアだけでリアル・ゴールドを独占することになる。

2010年末に、SPDRゴールド・シェアの矛盾がはっきりと見えてくる。ポール・ウォーカーが「投資家が手を引けば、金価格は2011年に大幅に下落する可能性がある」と語るのは、金バブル崩壊の時が2011年にやってくるので、〝予測〟というかたちで事前に報告するということである。

この方法はロスチャイルドと金融エリート集団が使う常套《じょうとう》手段である。故意にバブルをつくり、故意にバブルを崩壊させたのではないことを、正義の名において説明するのである。うまい口実を作って、WGCはSPDRゴールド・シェアを捨てるのである。

金ETFはどんなに多く見積もっても6兆円か、せいぜい7兆円の世界。金の取引高の30兆ドル（約2700兆円）から比べれば、ごくごく小さい取引である。しかし、この金ETFが金価格の高騰を演じたのである。ジョン・ポールソンのポールソン&カンパニーは350億ドルのポートフォリオのうちの30億ドルをSPDRゴールド・シェアに投資している。もし、ポールソンが何らかの理由をつけてSPDRゴールド・シェアから撤退すれば、一気に金ETFが崩壊する可能性が大である。そのようにロスチャイルドと金融エリート集団が秘密裡に工作するのである。

私は先に、ハーバード大学歴史学教授のニール・ファーガソンの文章を引用した。再度引用する。

「……一粒の砂が砂山全体を崩壊させたり、アマゾンの森で蝶が羽をゆらすだけで、イングランド南部でハリケーンが起きたりするようなものだ」

この世界では、思いもかけないときにブラック・スワン（黒い白鳥）が飛んでくるのである。起きるはずのない事象が「現状」の継続を阻む出来事が、衝撃的に起きるものなのだ。

金ETFは最初から崩壊の種を内に抱え込んでいた。金ETFは日々成長し、あるときを境に解体へと向かうのである。それは、ほどなくして誰もがわかるかたちで解体されていくのである。時を堪え忍んで金ETFが永続することはありえない。そして、金ETFは一粒の砂が砂山を崩壊させるように、金のバブルを崩壊させるのである。その時が2011年ということは納得し得る。また納得しなければならない時なのである。どんなに遅くとも、2012年中には金のバブルは崩壊する運命にあるといえる。

ジム・ロジャーズが2004年（邦訳刊は2005年）に書いた『商品の時代』については紹介した。もう一度読んでみよう。ロジャーズは金に憑《と》りつかれた人々を「コガネムシ」と呼んでいる。

「金という太古からある貴金属が唯一永く価値を持ちうる貨幣であり、その価格が暴騰する時代は近いと考える投資家たちのことだ」と、ロジャーズは「コガネムシ」を定義した。「陰気な顔をぶら下げたコガネムシたちは、金を買い、企業の犯す愚かな間違いや不動産の暴落、様式市場のメルトダウン、米ドルの崩壊、そしてもちろん世界金融市場の混乱に対する保険として金を持ち続ける」と書いている。

まさにジム・ロジャーズこそが予言者たるにふさわしい。否、ロジャーズはソロスとともにロスチャイルドと金融エリート集団の一員であったので、金に対する正しい見識を持っているのである。だからロジャーズは金への執着心について、「妄想に振り回されるのは投資哲学としては考えものだ」と痛烈に非難するのである。

■——バブル崩壊後に出現する世界

最後に、金のバブルがはじけた後に、世界にどのような変化が起きるのかについて書いておきたい。何が起きるかについてはもちろん、推測の範囲を出るものではない。

一人の男を登場させたい。その男の名はポール・ボルカーという。彼はケネディ政権に入り、財務次官のローザに仕えた後、チェース・マンハッタン銀行に復職。1969年にニクソン新政権のもとで財務次官を勤める。ロスチャイルドがニクソン政権に送り込んだジョン・コネリー財務長官とともにニクソン大統領を脅し、金本位制を廃止させた張本人だ。1979年カーター大統領にFRB総裁に任命され、1987年まで勤めた。

ボルカーは元世界銀行総裁ジェームズ・ウォルフォンソーンとともに、ロスチャイルドの子会社フィデリティ投資会社が経営する「J・ロスチャイルド・ウォルフェンソーン&カンパニー」の役員兼理事長である。すなわちボルカーはロスチャイルドと金融エリート集団の一員、ということである。

　このボルカーがオバマ政権に入り、経済回復諮問会議議長となり、「ボルカー・ルール」を作成し、議会の承認を得た。同様の提案を「グループ30」という非営利組織にも提案した。このグループには彼の他にガイトナー米財務長官、ジャン＝クロード・トリシェ欧州中央銀行総裁、周小川中国人民銀行総裁、16カ国の中央銀行総裁、政府関係者、学者、民間経済人で構成される。

　私は中央銀行を実質的に支配するのはロスチャイルドと金融エリート集団だと書いてきた。この「グループ30」は彼らの影響力が大きく働いている。さて、「ボルカー・ルール」をアメリカも世界の国々も受諾することで一致しつつある。このルールは、財政赤字を解消するために世界の国々は財政健全化を図り、銀行はリスクをとらず各々の規制を受け入れることを求めている。規制とともに抜本的な改革を要求する。

　ボルカーは世界の王のごとく、「抜本的な規制を見送れば、過去から学び未来に備える責任を放棄することになる」と調子の好いことを言う。ジョージ・ソロスもボルカー・ルールに全面的に賛成している。遅くとも２０１２年中には、世界中の大半の国家と金融機関がこのルールを採用することになる。

ポール・ボルカーとオバマ大統領

ボルカー・ルールに基づいた「米金融規制法案」は２０１０年7月21日に可決された。ＦＲＢが大手銀行、証券会社などを業界横断で一元的に監督することになった。元ＦＲＢ議長を最大限に利用したロスチャイルドと金融エリート集団の勝利であった。

ここにボルカーをこの世に再登場させたロスチャイルドと金融エリート集団の目的がはっきりしてきた。金のバブルを崩壊させ、世界経済に大打撃を与え、同時に国家と金融機関を弱体化させようとするのである。金価格は暴落を続け、金融機関の多くは（ＨＳＢＣは例外だが）倒産していく。貿易は縮小していき、デフレの進行が続き、失業者が世界中に溢れる。やがて、金価格が高騰する時が到来するが、人々が金を所有することは難しくなる。ロスチャイルドと金融エリート集団が金鉱山を完全に支配下に置いていることがはっきりしてくる。そのときになって、金に裏付けされた新しい通貨が登場する。それはドルでもなく、ユーロでもなく、人民元でさえない。

その新しい通貨とともに香港ドルとスイス・フランが姿を消す。スイスから新しい通貨が出てくる。世界の都がアルプスの山中にあることを人々は知るようになる。

さて、新しい世界はどのようになるのか。それは読者が想像力を働かせてイメージする以外にないのである。

黄金は本当に美しいのか［おわりに］

最後に、もう一つの「ゴールドの秘密」にお付き合いいただきたい。

私は本書を書くべく、本年（２０１０年）に入ってから準備に入り、2、3、4月と書き進めてきた。だが、原稿用紙約２００枚を書いたところで私のペンは突如として進まなくなってしまったのである。私はどうしてだろうと悩みつつ、その原因をさぐる日々が続いた。

書き終えた原稿の第1章は「ロスチャイルドが世界の金を独占する」。第2章は「黄金は本当に美しいのか」、そして第3章は「金価格高騰は凶事ではないのか」であった。

特に第3章において私は、20世紀は「有事のドル」の時代であり、「金《きん》は故意に安値に抑えられた」との論を展開した。前著『金の値段の裏のウラ』で書き足りなかった点を詳しく論じた。そして21世紀に入り、金は「有事の金」となり、「代替通貨」としてもてはやされるようになっていく過程を描いた。その転換点となったのは、２００1年の9・11テロであることまでを書き終えた。

そこで私は、これから先をどのように書いていくべきかを考えぬいた。「金価格高騰は凶事である」と書いていたときに、いたって単純な疑問が私の心に浮かんできたのである。金の価格は何かの理由があり、故意に上昇させられているのではないか？

そこで私は「金ETF（上場投信）」がどうやらその主役ではなかろうかと思うにいたった。自分の認識が甘かったことを知るにいたったのである。

書き終えた全体を振り返ったとき、第1章、第2章、第3章は割愛するべきであろうとの結論に達した。そこで旧の第1章を新しい第1章の中に4分の1ほど挿入した。旧の第3章の文章も同様に挿入した。金価格が故意に抑えられていく過程よりも、逆に上昇させられていく過程のほうがより重要であると思ったからである。

しかし、私には心残りがあった。

先に第2章として書いた「黄金は本当に美しいのか」の「金鉱山の物語」である。私は考え続けたのである。そして私なりの結論に達した。「金のバブルの物語」の真相を知る唯一の基礎として、金鉱山の悲惨な様相を少しでも読者に伝えるべきではないかと。よって旧の第2章のダイジェスト版をここに「おわりに」として記すことにする。

＊＊＊

1831年11月のアメリカ、アンドリュー・ジョンソン大統領が「インディアン撤去令」を出した。インディアンは厳冬の大河をあえぎながら泳ぐ子犬のように土地を追われた。彼らが落ち着いた先はオクラホマであった。オクラとは「人々」を、ホマとは「赤い」を意味する。

1848年、カリフォルニアで金鉱山が発見された。

1849年4月22日正午、オクラホマの境界の指定の場所に、馬に乗った無数の入植者たちが集合し、正午の号砲とともに州内になだれ込んだ。インディアンたちは殺されるか逃げた。彼ら黄金を求めた連中は狂気と化した。「金の発見」は、人間を巨大な危機に直面させた。だが、金の採掘に向かった多くの人々が大金を手にすることはなかった。彼らのほとんどは、彼らを利用する人々によって下層社会へと突き落とされたのだ。

オーストラリアのヴィクトリアで金鉱が発見されたのは1851年であった。多くの移民が流入してきた。都市ニューサウスウェールズの人口は35万に激増した。だが、イギリス政府が採掘税や採掘権などをもうけて圧政を敷いたため、語り継がれるべき一人の成功者も生まれなかった。オーストラリアでも原住民が殺され続けた。

インディアンたちがオクラホマへと逃げていくその道程を、彼らは「涙のふみわけ道」と呼んだ。

ここで読者に問うことにしたい。私たちは金の高騰する場面を前にして、「涙のふみわけ道」に立っているのではないのですか。

「黄金は本当に美しいのでしょうか」

南米の黄金が採れる地は「黄金郷（エルドラド）」と呼ばれた。山田篤美『黄金郷《エルドラド》伝説』（2008年、中公新書）から引用する。

泥土を集めると、次はいよいよ黄金を取り出す作業となる。バテアと呼ばれる円錐形の道具を使う場合もあるが、今ではテーブルのようなふるいの上に泥土を流すのが一般的。この作業で金がより多く混じる土を集めると、そこに水と水銀を加える。そうすると金と水銀が反応してアマルガム（合金）ができる。このアマルガムをトースターで燃やすと、水銀が蒸発して、純金だけが残る仕組みである。これが歴史に名高い水銀アマルガム法。（中略）大地から土を集めるので、グアヤナの大地にはあちこち穴が開いている。雨が降ると水たまりとなる。作業場にはポンプやホースやバケツやゴミが散乱し、捨てられた大量の土が積み上げられている。黄金が採れるところは、はっきりいって美しくない。

エルドラド探検の中で南アメリカの大地も川も汚染された。そして今も、「黄金が採れるところは、はっきりいって美しくない」

大地を汚《けが》し、川を汚し、森林は伐採され、不法占拠が続き、先住民たちは圧迫され、無法地帯が拡大していく。黄金の採れるところでは、黄金の採掘者たちは貧困から抜け出す道なき不条理の世界に生きている。では、読者に再び問うことにする。

このような状況の中で黄金は生まれてくる。それでもあなたは、「黄金は美しいと思っている」のですか？

アメリカの金鉱山は露天掘りが多い。しかし、南アフリカの金鉱山は縦坑掘り鉱山である。地表近くに発見された鉱石は掘りつくされたので地下深く掘っていくようになった。従って、落盤や出水などの危険といつも隣り合わせとなっている。2007年10月3日、南アフリカの大手鉱山で2000人が地下に閉じ込められる落盤事故が発生した。南アフリカは1970年代には年間約1000トンの生産量であったが、2007年には往時の4分の1ほどの272トンとなっていた。

この落盤事故に関して、豊島逸夫は「週刊エコノミスト」(2008年4月15日号)に「新ゴールドラッシュ時代」を書いて論評している。

黒人政権が進める「黒人の経済化促進法」政策で、黒人資本、黒人幹部雇用が義務付けられた結果、生産性が低下し、白人熟練技術者や経営者の〝頭脳流出〟が相次ぐ。追い打ちをかけるように、鉱山事故も多発している。アパルトヘイト廃止、黒人支配への移行は逆に「負の連鎖」を引き起こしている。

豊島逸夫は既述のとおり、ロスチャイルドと金融エリート集団が経営するワールド・ゴールド・カウンシル(WGC)の日韓地域代表である。それゆえ、鉱山の事故多発、アパルトヘイト廃止、黒人支配が「負の連鎖」を引き起こして南アフリカの産金は減少したと主張するのである。

今、南アフリカでは地下1000～2000メートルの坑内で多数の死者を出しつつ、黄金が掘り出されている。この現実を前にして、読者であるあなたに質問する。

「それでも黄金は美しいのでしょうか」


本編でも詳述したが、ロスチャイルドと金融エリート集団の資本が入り、ゴールドマン・サックスとともに、金キャリー・トレードを駆使して巨大金鉱山企業と化したバリック・ゴールド社（カナダ企業）は、今や世界一の金産出企業である。

1996年8月のことだ。同社はアフリカのタンザニアにあるブルヤンフル金鉱山を買収するにあたり、この鉱山に住み着いていた貧しいアフリカ人を追放すべく武装した警官隊を突入させた。ブルドーザーが労働者の住居や掘削道具を破壊した。抗道にいた約50人は生きたまま埋められた。この件についてバリック社もアフリカの新聞もカナダの新聞も何も報じなかった。この殺人疑惑の第一報をわずかに報じたのは、アムネスティ・インターナショナルであった。しかし、後にアムネスティはこの件について沈黙を守った。世界銀行がバリック社の融資保証人となっており、いくつかの大銀行がバリック社に巨額の投資をしていたことが判明した。

この事件の詳細を知りたい読者はグレッグ・バラストの『金で買えるアメリカ民主主義』（2004年、角川書店）を読まれるといい。アムネスティも世界銀行も貧者の味方ではなく、ロスチャイルドと金融エリート集団の味方であることが書かれている。

ここで、谷口正次の『メタル・ウォーズ』（２００8年、東洋経済新報社）を紹介したい。アメリカの資源メジャーであるフリー・ポート・マクミラン社が開発した世界最大級の銅鉱山（インドネシアの西パプアにあるグラスバーク鉱山）についての本である。金の年間生産量は70トン強だが、銅の年間生産量は50万トン強である。

採掘しているところは先住民たちにとって聖なる山である。そこは先祖の霊が棲むところで、自分たちも死んだら、彼らの霊もその山に行くことになると考えられている。そのような信仰の場所を破壊され、祖先から引き継いだ土地を追われている。

暴動を起こして反抗したり独立運動をするような先住民は、インドネシアの正規軍が容赦なく制圧するわけである。すでに多くの人が殺害され、20万人とも数十万人ともいわれている。脅迫、監禁、強姦、拷問、殺害、行方不明はしばしばのようである。そして、企業は鉱山を警護してくれる軍に対して、直接費用を支払っている。（中略）

河川に毎日少なくとも20万トンの有害物資を含んだ選鉱カス（テーリング）を投棄するため、熱帯雨林のなかに広範囲にわたってテーリングがオーバー・フローし、森林と生態系の破壊が進んでいる。

鉱山の採掘現場で発生する廃棄岩石（waste rock）は、そのまま谷に投棄するわけで、その量が一日30万トンである。合計すると毎日50万トンの廃棄物が捨てられ川に流れ出しているわけである。山裾では地滑りがしばしば発生し、労働者の死亡災害が起きる。

「先祖の霊が棲む」土地が強奪されている。世界中の信仰の場が破壊されている。私たちはグローバリゼーションについて誤解しているのではないのだろうか。原油と鉱物資源の供給地として南アメリカ、東アジア、アフリカが狙われ、大企業がなだれを打って大地を強奪している。バリック・ゴールド社（他の金鉱山経営企業もすべて）は、金鉱山で金属を溶解するために大量のシアン化合物を周辺の河川に垂れ流している。

２００1年、ジョージ・W・ブッシュが大統領になると、クリントン政権が課していた鉱山業者に関する規制を大幅にゆるめた。金鉱業者が出す廃棄物が多大な、回復不能な損害を出す場合でも、新たな鉱山の取得を認めるというものであった。バリック社が所有するネバダ州にある世界最大級といわれる金鉱山ゴールドストライク（年間産金量１７０万オンス）は、シアン化合物の大量投棄を認められた。

今、世界中で水銀とシアン化合物が金の産出のために大量に使われている。動物も植物も人間も、水銀とシアン化合物によって大きく傷つけられている。そして「自分たちが死んだとき、己らの霊が山に行く」と信じている人々は、その聖なる山を棄てて逃げている。否、逃げているだけではない。傷つけられ殺されている。誰にか？　金鉱山を支配する、人間の顔をした魔性を持った怪物たちにだ。

その連中は金鉱山会社の大手のほとんどを支配している。彼らの宗教はユダヤ・キリスト教である。この宗教の信者たちが、バリック・ゴールド、ニューモント・マイニング、アングロゴールド・アシャンティ、ゴールド・フィールズの4大企業を支配している。このユダヤ・キリスト教信者たちを私は、「ロスチャイルドと金融エリート集団」という名で呼んだのである。

どうしてか。ロスチャイルドを中心とする金融エリート集団が金の産出量のほぼ大半を支配しているからである。それゆえに、ロスチャイルドと金融エリート集団により、21世紀、金価格が上昇させられているのである。


さて、本書はここで終わることにする。聖なる場所を追われ、聖なる場所は傷つけられ、その聖なる場所で水銀、シアン化合物が大量に放棄されて、金が誕生してくる。富める者たちはますます富み、貧しい人々はますます貧しくなっていく。私はもう一度読者に問い、「金のバブルの物語」に終止符を打つことにする。

「黄金は本当に美しいのか?」

◉著者について

鬼塚英昭（おにづか ひであき）

ノンフィクション作家。1938年大分県別府市生まれ、現在も同市に在住。国内外の膨大な史資料を縦横に駆使した問題作を次々に発表する。昭和天皇の隠し財産を暴いた『天皇のロザリオ』、敗戦史の暗部に斬り込んだ『日本のいちばん醜い日』、原爆製造から投下までの数多の新事実を渉猟した『原爆の秘密』、世界権力の真の支配者の存在を発見した『20世紀のファウスト』を刊行。また現代史の精査の過程で国際経済の重大な欺瞞構造に気づき、金価格の急騰を予見した『金の値段の裏のウラ』、サブプライム恐慌の本質を見破り、独自の視点で真因を追究した『八百長恐慌！』、トップ企業を通して日本経済を襲う大津波を描く『トヨタが消える日』、金融マフィアの思惑を先読みする『ロスチャイルドと共産中国が2012年、世界マネー覇権を共有する』（上記いずれも小社刊）で経済分野にも進出した、今もっとも刺激的な書き手である。

金《きん》は暴落《ぼうらく》する！
2011年《ねん》の衝撃《しょうげき》

ロスチャイルド黄金支配《おうごんしはい》のシナリオを読《よ》み解《と》く

◉著者
鬼塚英昭《おにづかひであき》

◉発行日
初版第1刷　2010年9月5日

◉発行者
田中亮介

◉発行所
株式会社 成甲書房

郵便番号101-0051
東京都千代田区神田神保町1-42
振替00160-9-85784
電話 03(3295)1687
E-MAIL mail@seikoshobo.co.jp
URL http://www.seikoshobo.co.jp

◉印刷・製本
株式会社 シナノ

Printed in Japan, 2010
ISBN978-4-88086-266-8

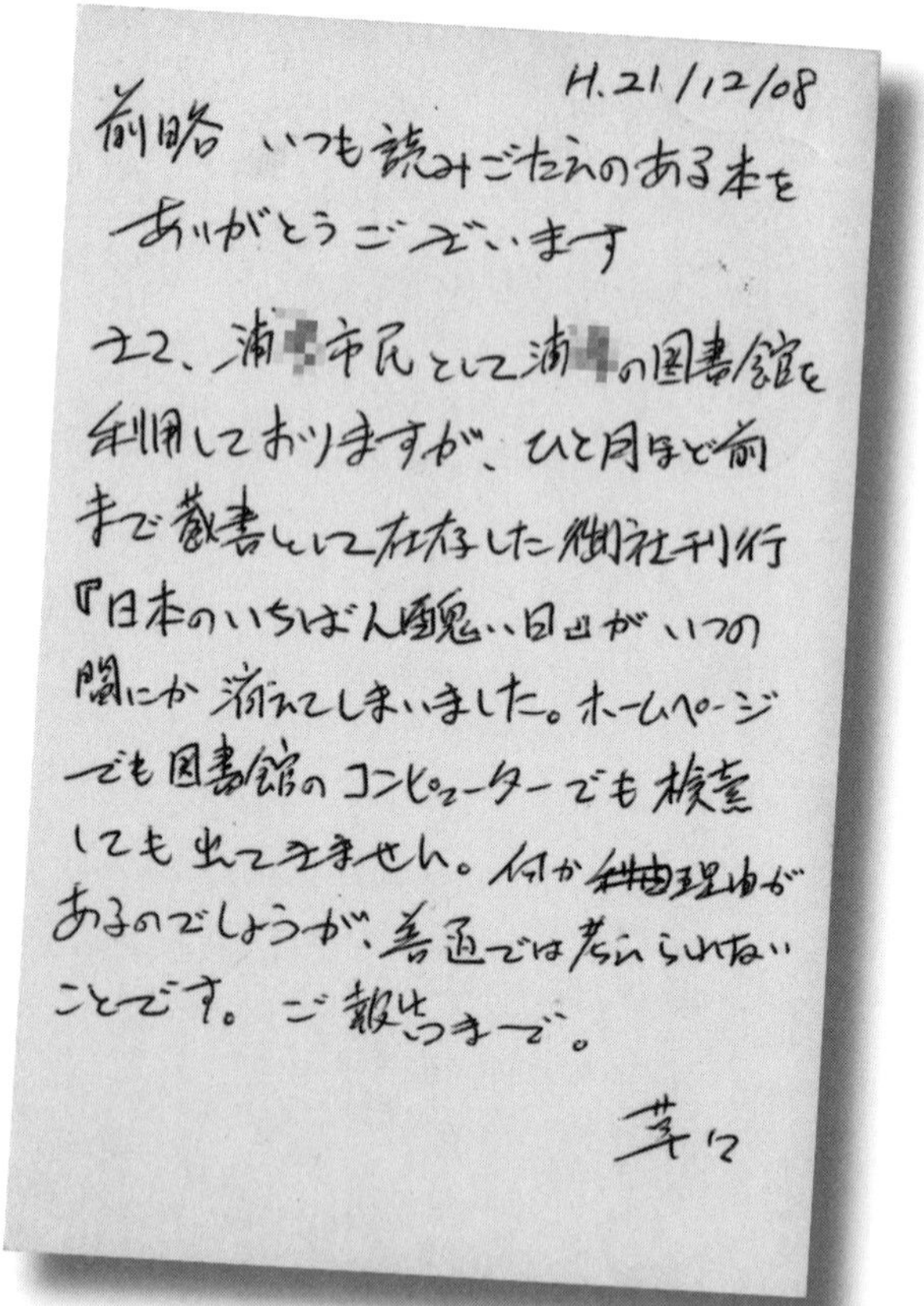
H.21/12/08

前略　いつも読みごたえのある本を
ありがとうございます

さて、浦[redacted]市民として浦[redacted]の図書館を
利用しておりますが、ひと月ほど前
まで蔵書として在存した御社刊行
『日本のいちばん醜い日』が　いつの
間にか消えてしまいました。ホームページ
でも図書館のコンピューターでも検索
しても出てきません。何か理由が
あるのでしょうが、普通では考えられない
ことです。ご報告まで。

草々

◉小社宛てに寄せられた読者からの葉書です。